Kathrin Lammel
Materialien und Kopiervorlagen
zur Klassenlektüre

Luise Holthausen

Die Wildschweine sind los

Hase und Igel®

Inhalt

Bildnachweis:
© Shutterstock – Bodor Tivadar: S. 10, 13, 32 und 39; KPPWC: S. 36;
mamita: S. 7, 10, 13, 24, 32 und 39

© 2022 Hase und Igel Verlag GmbH, München
www.hase-und-igel.de
Lektorat: Anna Schultes
Illustrationen: Laura Rosendorfer und Hendrik Kranenberg (S. 13 und 39)
Satz: Appel Grafik München GmbH

ISBN 978-3-86316-214-6

Das Buch

Wildschweine sind scheue Tiere, die erst in der Dämmerung aus ihrem Versteck kommen. In unseren Wäldern leben sie in großer Zahl. Immer öfter verlassen sie ihr eigentliches Revier und tauchen auch in Gärten und Parks auf. Am besten sind die Tiere in Wildgehegen aus der Nähe zu beobachten. Dort wird die Verwandtschaft zu unseren Hausschweinen sofort deutlich: Rüsselnase, große Ohren, borstiges Fell und muntere Grunzlaute. Neben Hausschweinen kennen viele Schüler bestimmt dieses Wildschwein: das stets gut gelaunte afrikanische Warzenschwein Pumba aus dem Animationsfilm „Der König der Löwen". Die meisten Kinder bringen Pumba wohl kaum mit den bei uns lebenden Wildschweinen in Verbindung. Nicht zuletzt deshalb lohnt sich eine ausführliche Auseinandersetzung mit den Tieren.

In der Öffentlichkeit werden die heimischen Wildschweine oft anlässlich von Schäden in der Landwirtschaft, die sie hervorgerufen haben, zum Thema. Die Lektüre „Die Wildschweine sind los" von Luise Holthausen öffnet den Blick auf die Tiere und bietet eine wertschätzende Perspektive. Gemeinsam mit dem Jungen Juri und der Bauerntochter Carla lernen die Kinder im Laufe der Geschichte immer mehr über Wildschweine und darüber, wie man sie versorgt.

Der Bauernhof, auf dem Juri mit seinen Eltern Urlaub macht, hat neben Hausschweinen ein Gehege mit Wildschweinen. Zusammen mit Carla übernimmt Juri Verantwortung für den Frischling Lotte, der neu auf dem Hof ankommt. Doch die Wildschweine bringen auch Konflikte mit sich: Die Tiere verwüsten immer wieder den Acker des Nachbarn Bauer Heiner, der gern das Grundstück des Wildgeheges kaufen und anderweitig verwenden würde. So sind in der Lektüre die verschiedenen Sichtweisen zu Wildschweinen vertreten und können von Ihnen und den Kindern eingenommen und diskutiert werden.

Der Umfang, die sprachliche Gestaltung und die Themen des Buches sind dem Leistungsvermögen und den Interessen von Schülern in der zweiten und dritten Klasse angepasst. Die liebevoll gestalteten Illustrationen erleichtern das Textverständnis, führen Größenverhältnisse vor Augen und steigern die Lesemotivation.

Das Material

Das Unterrichtsmaterial bietet einen didaktischen Teil für Lehrer sowie sich daran anschließende Kopiervorlagen für Schüler. Im Lehrerteil finden Sie Inhaltszusammenfassungen, Gesprächs- und Schreibanlässe, um Themen der Lektüre aufzugreifen und zu vertiefen, Hinweise zum Einsatz der Kopiervorlagen sowie Lösungen und weiterführende Anregungen.

Die Kopiervorlagen (ab Seite 18) sind fächerübergreifend angelegt: Sie behandeln das Sachthema sowie sprachliche und literarische Aspekte, überprüfen das sinnentnehmende Lesen und sichern die Textkenntnis. So beschäftigen sich die Schüler unter anderem mit der Lebensweise, der Nahrung und dem Körperbau von Wildschweinen. Darüber hinaus vergleichen sie Wild- und Hausschweine miteinander. Problemorientiert werden Schäden durch die Tiere betrachtet und Lösungen gesucht.

Im Sinne des sprachsensiblen Unterrichts fördern die Arbeitsblätter das Begriffslernen auf vielfältige Art und Weise. Daneben bieten sie Aufgaben zur Spracharbeit. Es werden zum Beispiel zusammengesetzte Nomen, die wörtliche Rede und Homonyme aufgegriffen. Das Material regt außerdem zum szenischen Spiel sowie zu Perspektivübernahmen an und liefert Ideen für die spielerische Auseinandersetzung mit Sprache.

Beim Einsatz der Arbeitsblätter können Sie differenzieren, da nicht alle chronologisch und von jedem Schüler gelöst werden müssen. Im Lehrerteil finden Sie zudem mögliche Zusatzaufgaben für schneller arbeitende Kinder. Viele der Blätter können Sie in Freiarbeitsphasen einsetzen.

Die Symbole in der Kopfleiste jeder Kopiervorlage zeigen an, welche Arbeitstechniken hier vorrangig gefordert sind:

Ich wünsche Ihnen und Ihren Schülern viel Freude sowie wertvolle Erkenntnisse beim Entdecken des Wildgeheges und seiner Bewohner!

Kathrin Lammel

Das Buch im Unterricht

Zeigen Sie zum Einstieg Bilder typischer Bauernhoftiere (z. B. Hausschweine, Kühe, Hühner, Schafe), um die Kinder auf den Ort des Geschehens in der Lektüre einzustimmen. Erarbeiten Sie im Rahmen des sprachsensiblen Unterrichts die Tiernamen sowie die Bezeichnungen für die jeweiligen Jungtiere und visualisieren Sie diese.

Ergänzen Sie die Bilder nun um Abbildungen von Wildschweinen. Lassen Sie die Kinder diskutieren, inwiefern Wildschweine auf einen Bauernhof gehören. Dabei ergeben sich erste Anknüpfungspunkte zum Lebensraum der Tiere, ihrer Nahrung und der Verwandtschaft zu Hausschweinen. Notieren Sie die Gedanken der Schüler als Cluster an der Tafel. Im Laufe der Lektürearbeit kann es ergänzt und überprüft werden.

Hinweise zu den Kopiervorlagen

KV Seite 18 **Das Buch von außen**

„Die Wildschweine sind los" ist für die Schüler möglicherweise die erste Ganzschrift und sie freuen sich darauf, zusammen in eine Geschichte einzutauchen. Doch auch von außen bietet ein Buch schon viele Informationen. Das Arbeitsblatt dient dazu, die entsprechenden Begriffe zu erarbeiten. Sie stellen die Grundlage dar, um über den Umschlag sprechen und auf einzelne Bestandteile Bezug nehmen zu können. Einige Begriffe sind den Kindern sicherlich bereits bekannt. Hier profitieren die Schüler von einer gemeinsamen Erarbeitung. Die Sicherung erfolgt dann schriftlich.

Lösung

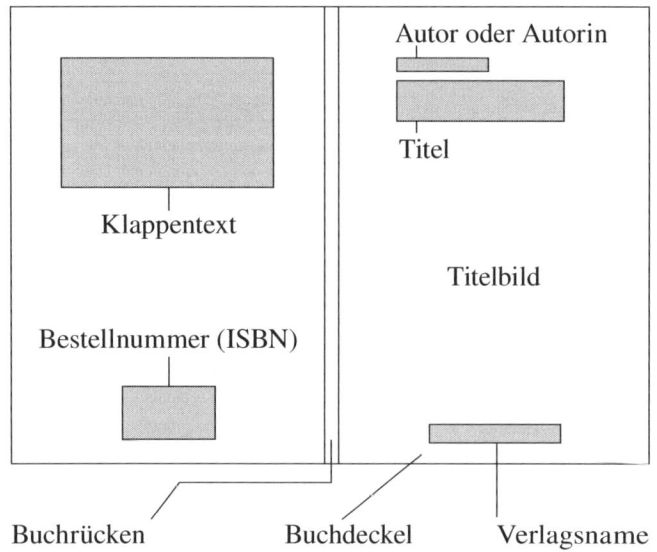

Autor oder Autorin

Titel

Klappentext

Titelbild

Bestellnummer (ISBN)

Buchrücken   Buchdeckel   Verlagsname

Weiterführende Anregung

Erstellen Sie mit den Schülern einen Wortspeicher, der die neu gelernten Begriffe umfasst. Verweisen Sie immer wieder darauf, um das Begriffslernen zu fördern.

KV Seite 19 **Meine Lektüre**

Das Arbeitsblatt dient dazu, das Vorwissen der Kinder zu aktivieren. Sie betrachten das Titelbild und beantworten die Fragen auf dem Blatt. Indem die Schüler Vermutungen zur Geschichte äußern und von persönlichen Erlebnissen berichten, stellen sie einen ersten Bezug zu Wildschweinen her. Um die Aufgabe zu erleichtern, kann das zunächst mündlich erfolgen – im Plenum oder in Partnerarbeit.

Wenn die Kinder abschließend ein Wildschwein malen, tauchen möglicherweise weitere Fragen auf: Wie sehen die Ohren aus? Wie die Füße? Und was für einen Schwanz haben die Tiere? Die Kopiervorlage „Der Körper des Wildschweins" (Seite 24) beantwortet diese Fragen.

KV Seite 20 **Lesezeichen**

Einige Ihrer Schüler lesen in ihrer Freizeit bereits ganze Bücher, andere dagegen kommen wenig in Kontakt mit Literatur. Die erste Ganzschrift kann dann überfordernd wirken. Das Arbeitsblatt ermöglicht eine kreative Auseinandersetzung mit dem Buch als Medium. Lesezeichen markieren die Seite, die gerade gelesen wird, und bieten damit Orientierung. Nutzen Sie die aufgedruckten Zeilenangaben im Verlauf der Lektüre, um auf einzelne Textstellen zu verweisen.

Die Kinder können zwischen den angebotenen Lesezeichen wählen. Wer möchte, darf natürlich auch ein eigenes gestalten. Zusätzlich zum Arbeitsblatt benötigen Sie für die Lesezeichen bunten Pappkarton.

Weiterführende Anregung

Basteln Sie Kordeln für die Lesezeichen. Lassen Sie die Schüler Fäden miteinander verdrehen, bis eine Kordel entsteht. Die ziehen sie durch ein Loch oben im Lesezeichen. Auch Perlen oder andere Verzierungen bieten sich an.

1. bis 3. Kapitel (Seite 5 bis 22):
Juri und das Wildgehege

Inhalt

Juri und seine Eltern machen Ferien auf einem Biobauernhof, obwohl Juri viel lieber in ein sonniges Land geflogen
wäre. Dort trifft er auf die Bauerntochter Carla, die ihm
bei der ersten Begegnung die Zunge herausstreckt.

Juri hat zunächst keine Lust auf den Urlaub und findet
den Aufenthalt auf dem Bauernhof langweilig. Die Freude
über die Begegnung mit einem anderen Jungen währt nur
kurz, denn der ist ziemlich unfreundlich. Doch dann ent-
deckt Juri ein Gehege, aus dem er lautes Grunzen vernimmt.
Da taucht Carla auf und lädt ihn ein hineinzugehen.

Im Gehege leben Wildschweine, die verletzt oder allein
aufgefunden wurden und von Carlas Eltern versorgt werden. Juri lernt die Bachen Berta, Emma und Käthe sowie
den Überläufer Toni kennen. Der ist in einem abgetrenn-
ten Bereich untergebracht und lässt sich sogar von Juri
streicheln.

Gesprächs- und Schreibanlässe

Juri fährt mit seinen Eltern auf einen Bauernhof. Weil die
Familie gerade sparen muss, können sie sich keine weite
Reise leisten.
- Hast du schon einmal Urlaub auf einem Bauernhof ge-
  macht? Erzähle.
- Was lässt sich auch ohne viel Geld in den Ferien unter-
  nehmen?

Auf dem Bauernhof findet es Juri anfangs langweilig.
- Fällt dir ein Ort ein, der dir zunächst langweilig erschien?
- Hast du die Zeit dort dann doch genossen? Wie wurdest
  du überrascht?

Carla streckt Juri zur Begrüßung die Zunge heraus. Aber
dann ist sie nett zu Juri und zeigt ihm das Wildgehege.
- Hast du schon einmal jemanden kennengelernt, der dir
  zunächst nicht sympathisch erschien?
- Erinnerst du dich an eine Situation, in der du im ersten
  Moment unfreundlich warst? Hast du dein Verhalten
  wiedergutgemacht?

Carla und Juri füttern die Wildschweine.
- Hast du schon einmal ein Tier gefüttert?

- Wo war das?
- Was hast du dem Tier gegeben?

Hinweise zu den Kopiervorlagen

KV Seite 21

Auf dem Bauernhof

Juri kommt mit seinen Eltern auf dem Bauernhof
an und findet alles langweilig. Das Arbeitsblatt
regt die Schüler dazu an, sich mit Juris Stimmung und den
Adjektiven im 1. Kapitel zu befassen. Besprechen Sie, wie
man Adjektive bestimmt: Wie ist etwas? Erläutern Sie
auch die Funktion von Adjektiven, etwas genauer zu beschreiben, die Möglichkeit, Gegensatzpaare zu bilden,
und die Steigerungsformen.

In Aufgabe 1 üben die Kinder, sich innerhalb des 1. Ka-
pitels zu orientieren. Sie suchen mehrere Adjektive im Text
und ermitteln mit ihrem Lesezeichen die Zeilenangaben.

Entlasten Sie Aufgabe 2, indem Sie zuvor gemeinsam
Adjektive steigern und die Steigerungsformen Komparativ
und Superlativ wiederholen: Bei regelmäßigen Adjektiven
trägt der Komparativ die Endung -er. Der Superlativ wird
mit „am" und der Endung -sten gebildet. Gehen Sie auch
auf unregelmäßige Adjektive ein (z. B. gut, hoch, nah).
Stellen Sie ein gelöstes Suchsel für die Selbstkontrolle zur
Verfügung.

Lösung
Aufgabe 1:
finster (Seite 5, Zeile 7) – hell
schön (Seite 5, Zeile 11) – hässlich
gut (Seite 5, Zeile 17) – schlecht
warm (Seite 6, Zeile 5) – kalt
höflich (Seite 8, Zeile 4) – unhöflich
kurz (Seite 8, Zeile 8) – lang

Das Buch im Unterricht

Lösung

Aufgabe 2:

S	T	E	M	I	K	S	W	A	Z	E
O	R	G	T	H	Ä	T	U	C	N	Q
Y	A	Q	O	W	E	T	N	U	E	I
O	U	P	L	Ü	A	S	D	F	U	H
J	R	K	L	X	V	Ä	E	L	G	Ö
C	I	V	B	M	Q	W	R	T	I	Z
E	G	R	G	U	T	I	S	O	E	S
A	S	D	Ä	F	G	J	C	K	R	L
H	E	R	Z	L	I	C	H	Y	I	C
V	B	N	P	M	X	E	Ö	A	G	R
Ü	T	I	H	E	F	L	N	D	S	A

traurig – trauriger – am traurigsten
toll – toller – am tollsten
wunderschön – wunderschöner – am wunderschönsten
neugierig – neugieriger – am neugierigsten
gut – besser – am besten
herzlich – herzlicher – am herzlichsten

Wer ist Carla?

Das Arbeitsblatt bietet eine erste Vorübung für Personenbeschreibungen. Lesen Sie mit Ihrer Klasse bis einschließlich Kapitel 3 und regen Sie zunächst die mündliche Beschäftigung mit der Figur Carla an:

- Wer ist Carla?
- Wie sieht Carla aus? Beschreibe.
- Wie alt ist Carla?
- Wie verhält Carla sich? Was sagt das über ihren Charakter aus?

Lassen Sie dann die Kinder ihre Ergebnisse verschriftlichen. Aufgabe 2 ermöglicht eine Differenzierung für schnelle Schüler.

Wer möchte, darf seinen ausgefüllten Steckbrief der Klasse vortragen. Dabei stehen die Kinder vor der sprachlichen Herausforderung, stichpunktartige Formulierungen in ganzen Sätzen auszudrücken. Unterstützen Sie sie z.B. mit Satzanfängen und Satzgerüsten („Ihr Name ist …"/ „Sie ist … Jahre alt."). Lassen Sie die Schüler erläutern, woher sie die Informationen nehmen. Fragen Sie insbesondere bei Aufgabe 2 nach: „Inwiefern verhält Carla sich frech/freundlich etc.?"

Lösung

Aufgabe 1:
Name: Carla
Alter: 8 Jahre (fast 9)
Aussehen: klein, rote lockige Haare
Hier wohne ich: auf dem Bauernhof meiner Eltern
Das mache ich gern: z.B. die Wildschweine füttern, meinen Eltern auf dem Hof helfen

Aufgabe 2:
z.B. frech, tierlieb, freundlich, fröhlich

Was ist ein Wildgehege?

Der Hof von Carlas Eltern hat ein Gehege mit Wildschweinen. Auf diesem Arbeitsblatt lernen die Kinder, Wildgehege und Zoo voneinander zu unterscheiden. Dazu lesen sie kurze Sachtexte und ordnen sie den Überschriften zu. In Aufgabe 2 wenden sie die Unterscheidungskriterien auf die verschiedenen Tiere an. Dabei bekommen die Schüler einen Einblick in die Vielfalt heimischer Wildtiere. Besprechen Sie die weniger bekannten Arten wie Mufflon und Waschbär. Weisen Sie außerdem darauf hin, dass viele Zoos auch Bereiche mit heimischen Tieren haben.

Legen Sie für die Selbstkontrolle ein ausgefülltes Blatt im Klassenraum aus, auf das Sie verweisen können. So eignen sich die Aufgaben für Freiarbeitsphasen. Schnelle Schüler bearbeiten zusätzlich Aufgabe 3 und stellen so einen Bezug zu ihrer Lebenswelt her. Bieten Sie Flyer von Wildgehegen aus der Umgebung oder ermöglichen Sie eine Internetrecherche.

Lösung

Aufgabe 1:
Der Zoo – Hier leben zwar auch Tiere in Gehegen, aber vor allem (…)
Das Wildgehege – Es handelt sich um eine eingezäunte Fläche, auf der Tiere (…)

Aufgabe 2:
Hirsch, Reh, Fuchs, Wolf, Wildschwein, Schneeeule, Waschbär, Mufflon, Uhu, Luchs

Weiterführende Anregung

Vertiefen Sie das Thema „heimische Wildtiere", indem Sie Bilder von entsprechenden Tierarten im Klassenraum aufhängen oder die Kinder kurze Referate dazu halten lassen. Poster oder beschriftete Bilder erweitern und unterstützen den Wortschatz im Sinne des sprachsensiblen Unterrichts.

Der Körper des Wildschweins

Die Schüler lernen hier die Anatomie des Wildschweins kennen, indem sie einen Sachtext lesen. Anschließend können sie mithilfe der fett gedruckten Begriffe das Bild beschriften. Der Körperbau ähnelt dem von Hausschweinen zwar sehr, doch fällt Juri auf Seite 18 sofort auf, dass es auch zahlreiche Unterschiede gibt. Diese werden auf der folgenden Kopiervorlage „Schwein ist nicht gleich Schwein" (Seite 25) vertiefend betrachtet.

Lösung
Aufgabe 2:

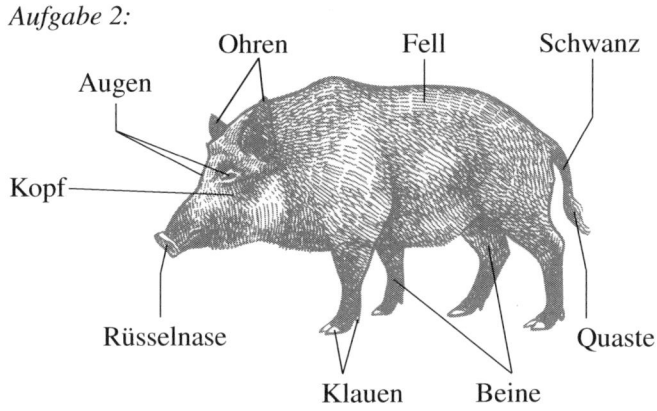

Schwein ist nicht gleich Schwein

Hier dreht sich alles um Hausschweine und Wildschweine. Die Schüler entnehmen einem Sachtext Informationen über die Verwandtschaft, Gemeinsamkeiten und Unterschiede von Haus- und Wildschweinen, die dann tabellarisch festgehalten werden sollen. Dieses Arbeitsblatt trainiert Methoden im Umgang mit Sachtexten und eignet sich insbesondere für eine leistungsstarke Klasse. Lesen Sie den Sachtext mit Ihren Schülern gemeinsam und markieren Sie wichtige Textstellen, um die Arbeit der Kinder zu entlasten. Lassen Sie sie die folgende Aufgabe zu zweit lösen.

Lösung
Aufgabe 2:

	Wildschwein	Hausschwein
Fell	dunkle Borsten	helle Borsten
Zähne	lange Eckzähne	kürzere Eckzähne
Schwanz	Quaste	Ringelschwanz
Lebensraum	Wald oder Wildgehege	Stall oder Gehege
Nahrung	fressen, was sie finden (z. B. Eicheln, Eier, Mais, Bucheckern, Pilze)	vorbereitetes Futter (Heu, Stroh, Getreide, Mais)

Teekesselchen

Als Juri von dem Überläufer im Wildgehege hört, fragt er sich, ob dort ein Spion lebt. Doch Überläufer ist ein Homonym und hat mehrere Bedeutungen. Auf diesem Arbeitsblatt setzen sich die Schüler auf spielerische Art und Weise mit Sprache auseinander und finden zu verschiedenen Homonymen die zugehörigen Bedeutungen. Für Aufgabe 2 bietet sich Partnerarbeit an, um neue Teekesselchen zu finden. Spielen Sie dann gemeinsam das Teekesselchen-Spiel. Hierbei erhöht es die Spannung, wenn zunächst sehr allgemeine Hinweise auf die Begriffe erfolgen. So wird das Lösungswort nicht sofort erraten.

Lösung
Aufgabe 1:
Bank: Sitzbank, Geldinstitut
Kiefer: Körperteil, Nadelbaum
Maus: Säugetier, Computerzubehör
Pony: kleines Pferd, Frisur

Aufgabe 2:
z. B. Schloss: Türschloss, Gebäude
Erde: Planet, Boden
Mutter: Teil einer Schraube, Frau mit Kind
Tor: Erfolg beim Fußball / Handball, Tor zum Hindurchgehen
Horn: Musikinstrument, Auswuchs am Kopf von Paarhufern
Fliege: Insekt, Schlipsersatz
Schlange: Reptil, Warteschlange
Ton: Material zum Töpfern, Geräusch

Weiterführende Anregung

Legen Sie mit Ihrer Klasse ein Homonyme-Glossar an, welches ständig erweitert und für das Teekesselchen-Spiel genutzt werden kann.

Doch nicht so langweilig!

Das Arbeitsblatt dient der globalen Textbetrachtung. Zu Beginn der Geschichte hat Juri wenig Lust auf den Urlaub auf dem Bauernhof. Doch mit der Zeit fühlt er sich wohl und hat Freude an der neuen Umgebung, den Gastgebern und den dort lebenden Tieren. Eine Entwicklung über mehrere Kapitel hinweg zu untersuchen, erfordert ein hohes Maß an Textverständnis und Perspektivübernahme. Die Aufgaben eignen sich dementsprechend für eine dritte Klasse oder eine leistungsstarke zweite Klasse. Alternativ kann das Arbeitsblatt als Differenzierung für schnelle Schüler verwendet werden.

Um die Tabelle auszufüllen, müssen die Kinder im Buch nachschlagen. Dies trainiert den methodischen Umgang mit Literatur und bereitet auf spätere Lektürearbeit vor.

Das Buch im Unterricht

Lösen Sie die Aufgaben zunächst mündlich mit Ihrer Klasse. Lassen Sie die Schüler das Blatt dann zu zweit bearbeiten.

Lösung

Aufgabe 1:

Juri wollte lieber wie seine Freunde in ein anderes Land fliegen und im Meer baden. Er war der Meinung, dass Urlaub auf dem Bauernhof nur etwas für kleine Kinder ist.

Aufgabe 2:

z. B.

Szene	Seitenzahl
Carla zeigt Juri das Wildgehege.	15 – 22
Carla und ihr Vater sind freundlich zu Juri.	15 – 22
Juri lernt etwas Neues kennen (Wildgehege, Wildschweine, Überläufer).	18 – 22
Juri darf den Überläufer Toni füttern und streicheln.	21

KV Seite 28

Was stimmt?

Die Fragen zu den Kapiteln 1 bis 3 fassen einige Geschehnisse des Abschnitts zusammen und überprüfen die Textkenntnis der Schüler. Das Arbeitsblatt kann in Phasen der Freiarbeit eingesetzt werden. Das Ausmalbild dient der Selbstkontrolle und zeigt, was Wildschweine unter anderem fressen: eine Schnecke, einen Wurm und einen Käfer. Lassen Sie die Kinder Vermutungen anstellen, warum diese Tiere zu sehen sind. Leiten Sie anhand dessen zum nächsten Abschnitt und zu der Kopiervorlage „Was fressen Wildschweine?" (Seite 29) über.

Lösung

Aufgabe 1:

1. Auf einem Biobauernhof.

2. … Juris Eltern gerade nicht viel Geld haben.

3. Sie streckt ihm die Zunge heraus.

4. Ein Junge.

5. … ein Überläufer.

Aufgabe 2:

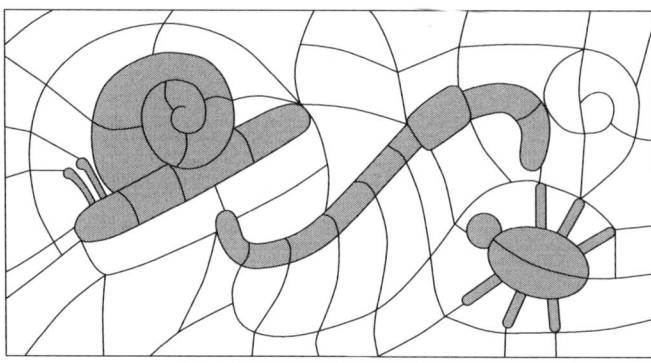

Weiterführende Anregung

Üben Sie mit den Kindern das Nachschlagen im Buch: Suchen Sie gemeinsam nach den Seiten, auf denen die Informationen stehen.

4. bis 7. Kapitel (Seite 23 bis 45): Juri, Carla und der Frischling Lotte

Inhalt

Juri und Carla freunden sich langsam an. Gemeinsam versorgen sie die Wildschweine. Von Carla erfährt Juri, dass es sich bei dem unfreundlichen Jungen um Paul, den Sohn der Nachbarn, handelt.

Frühmorgens bringt der Förster einen schwachen Frischling auf den Bauernhof. Carlas Eltern richten dem kleinen Wildschwein zusammen mit den Kindern ein gemütliches Nest ein: Es bekommt eine Kiste mit einer kuscheligen Decke und Stroh, eine Wärmflasche und eine Wärmelampe, damit es nicht friert. Nun muss das Jungtier jede Stunde mit Ferkelmilch gefüttert werden.

Später untersucht der Tierarzt den Frischling und erklärt, dass es sich um ein Weibchen handelt. Juri und Carla suchen den Namen Lotte aus. Am Abend essen die Familien zusammen und die beiden Kinder dürfen einen Teil der Nachtschicht übernehmen.

Sie stellen sich einen Wecker und wechseln sich damit ab, Lotte die Flasche zu geben. Ganz schön anstrengend! Und dann büxt der Frischling auch noch aus. Carlas Mutter fängt ihn wieder ein und löst die Kinder ab.

Gesprächs- und Schreibanlässe

Juri liest ein Sachbuch über Wildschweine.
- Woher kommt sein plötzliches Interesse?
- Was findet er über Wildschweine heraus?
- Über welches Thema würdest du gern besser Bescheid wissen?

Der Frischling bekommt Ferkelmilch statt Würmer und Schnecken.
- Welche Tiere kennst du, die als Babys Milch trinken?
- Was weißt du noch über Säugetiere?
- Hast du schon einmal beobachtet, wie ein Jungtier gefüttert wird? Erzähle.

Lotte wird vom Tierarzt untersucht.
- Warst du schon mit einem Tier bei einem Tierarzt?
- Wie ist der Besuch abgelaufen?

Juris Eltern sind stolz, weil ihr Sohn sich so gut um Lotte kümmert.
- Hast du schon einmal ein Tier versorgt?
- Kümmerst du dich um jüngere Geschwister? Welche Aufgaben übernimmst du?
- Berichte von einer Situation, in der deine Eltern stolz auf dich waren.

Hinweise zu den Kopiervorlagen

Was fressen Wildschweine?
Als Allesfresser ernähren sich Wildschweine von dem, was sie im Wald oder auf Feldern finden. Lassen Sie die Kinder vor dem Lesen des Sachtexts Ideen äußern, was Wildschweine fressen. Nach dem Lesen können die Vermutungen dann überprüft und reflektiert werden. Beziehen Sie die vorherige Kopiervorlage „Was stimmt?" (Seite 28) in die Überprüfung mit ein. Für schnelle Schüler kann Aufgabe 3 als Differenzierung herangezogen werden.

Lösung
Aufgabe 2:
Eicheln, Bucheckern, Getreide, Wurzeln, Rüben, Kartoffeln, Mais, Schnecken, Mäuse, Vogeleier

Aufgabe 3:
Pflanzenfresser – Hirsche und Rehe brauchen breite Backenzähne, um die pflanzliche Nahrung zu zermahlen.
Fleischfresser – Der Wolf und der Fuchs haben scharfe Zähne, um Stücke aus dem Fleisch des Beutetiers zu reißen.

Allesfresser – Das Wildschwein und der Dachs haben ein Gebiss, mit dem sie Fleisch und Pflanzen zerkauen können.

Weiterführende Anregung
Zeigen Sie Bilder der Gebisse von Allesfressern, Pflanzenfressern und Fleischfressern und lassen Sie diese von den Kindern vergleichen. Im Internet finden Sie entsprechende Grafiken und vertiefende Erklärungen, z.B. *https://www.lernhelfer.de/schuelerlexikon/biologie/artikel/ernaehrung-der-saeugetiere.*

Eine wilde Truppe
Die Schüler erfahren hier etwas über das Leben in einer Gruppe von Wildschweinen, der Rotte. Nachdem sie einen Sachtext gelesen haben, können die Kinder den verschiedenen Bezeichnungen für Wildschweine ihre Bedeutungen zuordnen. Die Buchstaben dahinter ergeben ein Lösungswort zur Selbstkontrolle. Das Arbeitsblatt eignet sich für die Freiarbeit.

Lösung
Aufgabe 2:
1. Rotte – eine zusammenlebende Gruppe Wildschweine
2. Bache – ausgewachsenes weibliches Wildschwein
3. Keiler – ausgewachsenes männliches Wildschwein
4. Frischling – neugeborenes Wildschwein
5. Überläufer – einjähriges Wildschwein

Lösungswort: BERTA

Weiterführende Anregung
Visualisieren Sie die neuen Begriffe. Legen Sie z. B. einen Wortspeicher für den Klassenraum mit entsprechenden Bildern an. So fördern Sie das Begriffslernen und unterstützen die sprachliche Teilhabe der Schüler auch im Hinblick auf weitere Arbeitsblätter, auf denen die Begriffe verwendet werden (Kopiervorlagen „Kreuzworträtsel", Seite 37, und „Miniheft Wildschweine", Seite 48).

Was braucht Lotte?
Mit der Ankunft des Frischlings übernehmen die Kinder Juri und Carla die Rolle der Versorger. Voller Fürsorge päppeln sie das kleine Wildschwein auf. Kinder kümmern sich gern um Jungtiere und der Rollenwechsel in der Geschichte stellt eine motivierende Identifikationsmöglichkeit für die Schüler dar.

Das Arbeitsblatt eignet sich für Einzel- und Partnerarbeit sowie für Freiarbeitsphasen. In Aufgabe 1 üben die Kinder, im Buch nachzuschlagen. Aufgabe 2 stellt einen Bezug zu ihrer Lebenswelt her: Sie berichten von eigenen Erfahrungen mit der Versorgung von Tieren.

Das Buch im Unterricht

Lösung
Aufgabe 1:
Wärmelampe, Fläschchen, Decke, Kiste, Milch, Wärmflaschc, Stroh

 Tiere im Dunkeln

Juri lernt die Wildschweine auf dem Bauernhof zwar tagsüber kennen, so richtig munter werden sie aber erst in der Abenddämmerung. Das Arbeitsblatt legt dar, welche Tiere noch nachtaktiv sind. Anhand der Informationen im Sachtext werden die Schüler befähigt, die Tiere in Aufgabe 2 einer Lebensweise zuzuordnen. Die tagaktiven ergeben sich in Abgrenzung dazu. Um die Wortschatzarbeit zu unterstützen und die Kenntnis heimischer Arten zu fördern, zeigen Sie Farbfotos der verschiedenen Tiere.

Lösung
Aufgabe 2:
nachtaktiv (blau): Igel, Fuchs, Wildschwein, Fledermaus
tagaktiv (gelb): Amsel, Eichhörnchen, Rotkehlchen

Weiterführende Anregung
Als Differenzierungsaufgabe erzählen sich schnellere Kinder gegenseitig von ihrem Tagesablauf. So stellen sie einen Bezug zur eigenen Lebensweise her.

 Wildschwein-Verben

In der Lektüre kommen einige Verben vor, die weniger bekannt und teilweise spezifisch für das Verhalten von Schweinen sind. Das Arbeitsblatt erweitert den Wortschatz, indem den Verben die passenden Bedeutungen zugeordnet werden. Das Wort „brechen" steht zwar nicht im Buch, wurde aber aufgenommen, da es eine typische Verhaltensweise von Wildschweinen beschreibt. Stellen Sie ein gelöstes Blatt für die Selbstkontrolle zur

Verfügung, bevor die Schüler die Textstreifen aufkleben. So können Sie das Arbeitsblatt in Freiarbeitsphasen einsetzen.

Lösung
Aufgabe 1:
grunzen: dunkle, kehlige Laute ausstoßen
buddeln: in der Erde graben
schmatzen: geräuschvoll fressen
wühlen: in der Erde graben
schnüffeln: mit der Schnauze einem Geruch nachgehen
brechen: mit der Rüsselnase und den Zähnen den Boden aufgraben

Aufgabe 2:
z. B. Im Wald grunzen Wildschweine.
Toni wühlt im Boden des Extrageheges.
Lotte schnüffelt im Stroh.

Weiterführende Anregung
Spielen Sie mit den Kindern ein Pantomime-Spiel, um die Verben zu festigen: Ein Schüler ahmt eine der Tätigkeiten nach, die anderen erraten das Wort. Dann ist der nächste an der Reihe.

 **Post von Juri**

Juri erlebt einige Abenteuer auf dem Bauernhof. Lassen Sie die Kinder bis einschließlich Kapitel 7 lesen. Anhand des Arbeitsblatts lässt sich stufengerecht das Thema „Postkarte schreiben" üben oder neu einführen. Besprechen Sie mit den Schülern die Verwendung von Datumsangabe, Anrede und Grußformel in Briefen.

Lassen Sie die Kinder zunächst gemeinsam Ideen sammeln, um den Schreibprozess zu entlasten: Was hat Juri zu berichten? Was hat er erlebt? Wie fühlt er sich? Worauf freut er sich? Indem die Schüler einen Perspektivwechsel vornehmen und sich in Juri hineinversetzen, wird die Identifikation mit der Figur gestärkt. Die Vorderseite der Postkarte gestalten sie nach ihren eigenen Vorstellungen.

Lösung
Aufgabe 1:
z. B. Hallo Niko,
wie geht es dir? Ich hoffe, du hast einen schönen Urlaub! Wir sind auf einem Bauernhof. Hier ist richtig was los! Auf dem Hof wohnt Carla. Sie zeigt mir alles, besonders das Gehege mit den Wildschweinen. Gestern ist ein Frischling angekommen, das ist ein Babywildschwein. Carla und ich füttern es mit der Flasche. Es heißt Lotte und ist echt süß! Ich zeige dir Fotos, wenn ich wieder da bin.
Bis bald! Dein Juri

Weiterführende Anregung

Richten Sie eine Klassenpost ein. Darüber können die Kinder Briefe schreiben und erhalten.

Zusammengesetzt hält besser

In der Lektüre kommen viele zusammengesetzte Nomen vor – sowohl aus zwei Nomen als auch aus Nomen und Verben bzw. Nomen und Adjektiven gebildete Komposita. Die Schüler erfahren mithilfe des Arbeitsblatts, dass das Bilden von Komposita eine produktive Eigenschaft der deutschen Sprache ist, die eine spielerische Auseinandersetzung bietet, aber auch Regeln unterliegt. So beschreibt der erste Teil des Wortes (das Bestimmungswort) den zweiten Teil (das Grundwort) näher. Der Artikel richtet sich stets nach dem Grundwort.

Lösung

Aufgaben 1 und 2:
das Wildgehege, das Wildschwein, die Rüsselnase, das Biogemüse, der Schweinestall, der Überläufer, der Allesfresser, die Wärmelampe, der Tierarzt, die Nachtschicht

Weiterführende Anregungen

• Sammeln Sie gemeinsam weitere Komposita und besprechen Sie mit Ihrer Klasse, dass sich auch mehr als zwei Wörter zu Nomen zusammensetzen lassen. Wer findet das längste (sinnvolle) Kompositum?

• Erklären Sie den Schülern, dass bei einigen zusammengesetzten Nomen ein Fugenelement benötigt wird. Das kann entweder ein Fugen-n (z. B. Schneckenschleim, Straßenschild) oder ein Fugen-s (z. B. Geburtstagstorte, Liebeslied) sein. In seltenen Fällen wird der letzte Vokal des Bestimmungsworts weggelassen (z. B. Kirschkern).

Wildschweine weltweit

Wildschweine gibt es nicht nur in Europa, sondern auf allen Kontinenten, außer der Antarktis. Nachdem die Schüler die heimische Art kennengelernt haben, erweitern sie mithilfe dieses Arbeitsblatts ihr Wissen um die Vielfalt von Wildschweinen weltweit. Die Kinder üben das gezielte Suchen nach Informationen (z. B. im Internet) und stellen diese in Form eines Steckbriefs kompakt dar. Die Aufgabe eignet sich für eine Partnerarbeit. Besprechen Sie mit Ihrer Klasse den Begriff Kontinent und die Namen der sieben Kontinente. Wer möchte, präsentiert die neu kennengelernte Wildschweinart.

Lösung

Name: Nabelschwein (Pekari)
Kontinent: Amerika (Süd- und Mittelamerika, Südwesten der USA)
Besonderheiten: Drüse mit riechendem Sekret am Rücken, lebt teilweise in Rotten mit bis zu 300 Tieren

Name: Pinselohrschwein
Kontinent: Afrika
Besonderheiten: weißer Streifen auf dem Rücken, Fellbüschel an den Backen und Ohren

Name: Warzenschwein
Kontinent: Afrika
Besonderheiten: vier paarig angeordnete Warzen am Kopf, lange Eckzähne

Name: Zwergwildschwein
Kontinent: Asien
Besonderheiten: die kleinste Wildschweinart, bedroht, gräbt Schlafnester

Name: Hirscheber (Babirusa)
Kontinent: Asien
Besonderheiten: die größten Eckzähne (bis zu 30 cm lang), lebt nur in Indonesien

Weiterführende Anregungen

• Die Präsentation eines Steckbriefs bringt besondere Herausforderungen mit sich: Nachdem die Informationen in ganzen Sätzen erlesen und stichpunktartig festgehalten wurden, müssen die Schüler während des Vortrags daraus wieder ganze Sätze bilden. Dies entlasten Sie, indem Sie Satzanfänge oder -bausteine als Formulierungshilfen anbieten.

• Geeignete Suchmaschinen für Kinder im Grundschulalter sind *www.blinde-kuh.de*, *www.fragfinn.de* und *www.helles-koepfchen.de*.

Das Buch im Unterricht

- Als Differenzierungsaufgabe für schnelle Schüler können diese weitere Wildschweinarten weltweit recherchieren und präsentieren.
- Die Bayerische Landesanstalt für Wald und Forstwirtschaft hat eine Übersicht verschiedener Wildschweinarten erstellt: *https://www.waldwissen.net/de/lebensraum-wald/wald-und-wild/wildoekologie/schweine-verwandtschaft.*

KV Seite 37

Kreuzworträtsel
Das Rätsel festigt die Begriffe zum Thema „Wildschweine" und fragt das erworbene Sachwissen der Schüler ab. Es ermöglicht durch das Lösungswort eine Selbstkontrolle und eignet sich für Freiarbeitsphasen.

Lösung
Aufgabe 1:

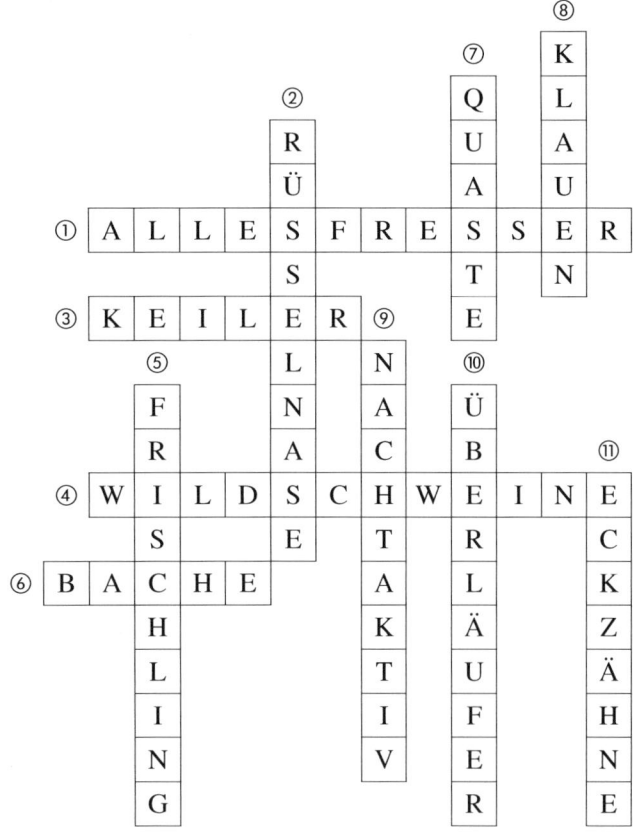

Aufgabe 2:
FRISCHLINGSAUFZUCHT

KV Seite 38

Richtig oder falsch?
Die Aussagen beziehen sich auf die Kapitel 4 bis 7 und fragen die Textkenntnis ab. Sollten sich die Kinder unsicher sein, können sie in der Lektüre nachschlagen. Das Lösungswort bietet eine Selbstkontrolle, so-

dass das Arbeitsblatt in Freiarbeitsphasen eingesetzt werden kann.

Lösung
Aufgabe 1:

	richtig	falsch
1. Toni wird mit Äpfeln und Möhren gefüttert.	C	D
2. Juri liest ein Sachbuch über Hausschweine.	E	A
3. Toni lebt in einem Extragehege.	R	P
4. Der Förster hat den Frischling am Straßenrand gefunden.	L	M
5. Carla und Juri holen Stroh mit einer Schubkarre.	A	E
6. Der Frischling frisst Schnecken und Würmer.	W	U
7. Juri und Carla nennen den Frischling Lotte.	N	K
8. Die ganze Nacht füttern Carla und Juri das kleine Wildschwein.	O	D
9. Carla und Juri wechseln sich mit dem Füttern ab.	J	I
10. Lotte büxt aus.	U	L
11. Carlas Vater fängt sie wieder ein.	A	R
12. Wildschweine sind nachtaktiv.	I	S

Aufgabe 2:
CARLA UND JURI

Aufgabe 3:
Juri liest ein Sachbuch über <u>Wildschweine</u>.
Der Frischling <u>trinkt Ferkelmilch</u>.
<u>Bis Mitternacht</u> füttern Carla und Juri das kleine Wildschwein.
Carlas <u>Mutter</u> fängt sie wieder ein.

Weiterer Unterrichtsvorschlag

Besuchen Sie mit Ihrer Klasse ein Wildgehege in der Nähe. Viele Betreiber bieten Führungen an, bei denen Sie und Ihre Schüler ausführliche Informationen erhalten. Einige Wildgehege haben sogar eine eigene Frischlingsaufzucht, die besichtigt werden kann.

Inhalt

Der Nachbar Bauer Heiner ist aufgebracht: Erneut wurde sein Acker von den Wildschweinen zerwühlt. Doch wie sind die Tiere aus dem Gehege gekommen? Carla und Juri überprüfen den Zaun – er ist dicht.

Nachdem die Wildschweine ein weiteres Mal ausgebüxt sind, schleichen sich die Kinder nachts aus dem Haus und legen sich auf die Lauer. Als sich ein Schatten am Gatter zu schaffen macht, knipst Carla die Taschenlampe an: Es ist Paul. Im Gespräch mit den Eltern zeigt sich, dass Paul seinem Vater helfen wollte. Bauer Heiner möchte das Grundstück kaufen, auf dem das Gehege steht. Nun sieht er aber ein, dass die Versorgung der Wildschweine sinnvoll ist, und verwirft seine Pläne. Die Eltern schließen Frieden.

Für Juri rückt das Ende des Urlaubs näher. Lotte wird immer größer und darf nun manchmal ihre Kiste verlassen. Bald bekommt sie andere Nahrung. Juri ist traurig, dass er das verpasst. Vor seiner Abreise kann er zumindest noch bei der Zusammenführung der großen Wildschweine dabei sein. Sie verstehen sich prima. Und auch Carla und Juri sind mittlerweile gut befreundet. Der Abschied fällt ihnen schwer und Juri will unbedingt wiederkommen.

Gesprächs- und Schreibanlässe

Carla und Juri legen sich nachts auf die Lauer. Juri kriecht ein merkwürdiges Gefühl über den Rücken.
• Was ist damit gemeint?
• Welches Gefühl könnte das sein?
• Kennst du dieses Gefühl? Erzähle von einer Situation, in der du es selbst hattest.

Bauer Heiner möchte das Grundstück von Carlas Eltern übernehmen.
• Wolltest du schon einmal etwas haben, das jemand anderem gehört?
• Wie hast du dich verhalten?
• Welche Lösung habt ihr gefunden?

Paul hat die Wildschweine freigelassen, um seinem Vater zu helfen. Jetzt schämt er sich.
• Hast du schon einmal etwas gemacht, was du hinterher bereut hast? Erzähle.
• Wie bist du mit deinen Gewissensbissen umgegangen?

Juri ist traurig, dass seine Zeit auf dem Bauernhof vorbei ist. Carla und er wollen sich Briefe schreiben, bis Juri wiederkommen kann.
• Wo hast du das letzte Mal Urlaub gemacht?
• Ist dir der Abschied schwergefallen? Warum (nicht)?
• Hast du dort jemanden kennengelernt?
• Hast du noch Kontakt mit einem Kind, das du aus dem Urlaub kennst?

Hinweise zu den Kopiervorlagen

KV
Seite
39

Spuren auf dem Feld
Heimische Wildtiere sind scheu und nur selten ausgiebig zu beobachten. Anhand ihrer Fußabdrücke kann man aber herausfinden, wer den Weg gekreuzt hat. Auch auf Bauer Heiners Feld hinterlassen die Wildschweine ihre Spuren. Das Arbeitsblatt stellt verschiedene Fußabdrücke von Waldtieren vor. Die Schüler identifizieren die Fährte von Wildschweinen und ordnen die übrigen Spuren den abgebildeten Tieren zu. Die Aufgaben eignen sich für Phasen der Freiarbeit. Räumen Sie Zeit ein, in der die Kinder bei Unklarheiten die Tierarten und ihre Trittsiegel recherchieren können.

Lösung
Aufgaben 1 und 2:

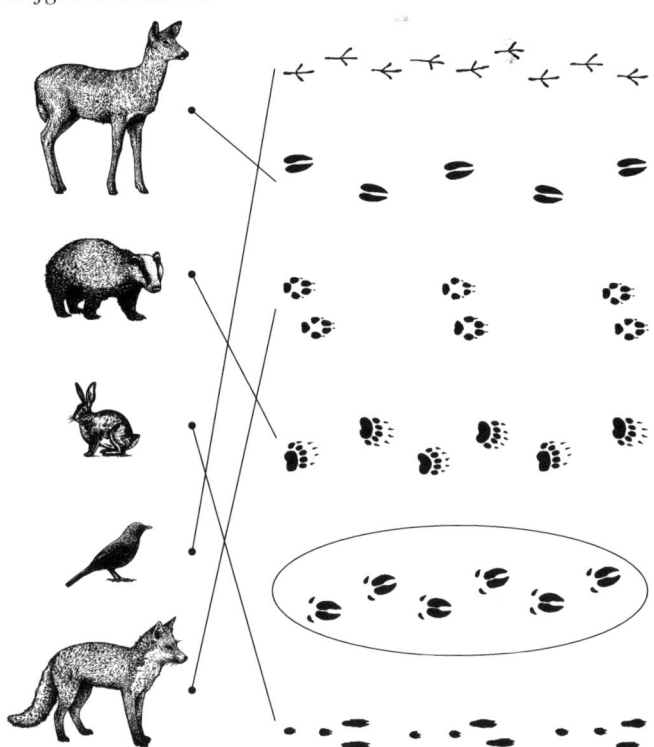

Weiterführende Anregungen

- Machen Sie mit Ihrer Klasse einen Ausflug in den Wald und halten Sie Ausschau nach Tierspuren. Viele Umweltverbände und Förstereien bieten Führungen an, bei denen Spuren und andere Hinterlassenschaften von Tieren gezeigt werden, z. B. Gewölle, Schlafplätze oder Kratzstellen an Bäumen.
- Von Tierspuren oder der eigenen Hand lassen sich Gipsabdrücke erstellen: Basteln Sie dazu einen Rahmen aus leeren Milchkartons und Klebeband und rühren Sie Gips der Packungsangabe entsprechend an. Gießen Sie dann den Gips auf die Tierspur oder die Hand innerhalb des Rahmens und lassen Sie ihn trocknen. Im Internet finden Sie zahlreiche bebilderte Anleitungen, z. B. hier: *https://www.oekoleo.de/artikel/tierspur-detektive-so-nimmst-du-gipsabdruecke/.*

 KV Seite 40 **Schäden durch Wildschweine**
Nachdem die Wildschweine zum wiederholten Mal Bauer Heiners Acker verwüstet haben, ist er sauer. Seiner Meinung nach sollen das Gehege und die Schweine des Nachbarhofs verschwinden. Gerade Landwirte haben immer wieder derartige Konflikte mit Wildschweinen. Das Arbeitsblatt setzt sich mit dieser Perspektive auf die Tiere auseinander.

Die Schüler verbinden Satzteile zu einem Sachtext. Dann erklären sie, welche Probleme Landwirte mit Wildschweinen haben. Abschließend entwickeln sie Lösungen für Konflikte zwischen Mensch und Tier. Hier lernen die Kinder problemorientiert: Sie sammeln unterschiedliche Perspektiven, stellen sie dar und suchen nach Lösungen. Dazu bietet sich Gruppenarbeit an. Geben Sie den Gruppen Rollenkarten, die verschiedene Perspektiven vorstellen (z. B. Landwirte, Jäger, Stadt- und Landbewohner, Städte und Gemeinden), um das problemorientierte Arbeiten zu erleichtern.

Lösung

Aufgabe 1:
Da ausgewachsene Wildschweine kaum Fressfeinde haben, steigt ihre Zahl.
Auf der Suche nach Nahrung verlassen sie deshalb zunehmend den Wald.
Dann fressen sie, was sie auf den Äckern finden: Mais, Getreide, Früchte, Rüben und Kartoffeln.
Sie wühlen in der Erde und zerstören dabei die Ernte.
Immer wieder kommen Wildschweine auch bis in die Städte.
Dort plündern sie die Mülltonnen und graben Beete um.

Aufgabe 2:
Wildschweine fressen, was auf dem Acker wächst. Beim Wühlen zerstören sie die Ernte. Das ist für die Landwirte viel Arbeit und sehr teuer.

Aufgabe 3:
z. B.
- Felder, Gärten und Komposthaufen umzäunen.
- Wildschweine ähnlich wie Rotwild im Wald kontrolliert füttern, damit sie nicht außerhalb ihres eigentlichen Reviers auf Nahrungssuche gehen.
- Ernteverlust durch Wildschweine einkalkulieren und Landwirte finanziell entlasten.
- Die Zahl der Tiere durch naturverträgliche Jagd kontrollieren.
- Wildschweine in der Stadt nicht füttern.

Weiterführende Anregungen

- Der NABU-Landesverband Berlin zeigt, wie sich Wildschweine an das Leben in der Stadt angepasst haben. Hier finden Sie eine Broschüre zum Download: *https://berlin.nabu.de/tiere-und-pflanzen/saeugetiere/wildschwein/index.html.*
- Während Carla und Juri auf der Lauer liegen, wird es spannend: Die beiden sitzen im Dunkeln, als sich plötzlich jemand auf das Gehege zubewegt. Wer könnte das sein? Lassen Sie die Kinder diese Leerstelle selbst füllen. Lesen Sie dazu gemeinsam bis Kapitel 9, Seite 57, Zeile 13. Die Schüler stellen nun Vermutungen zum weiteren Verlauf an und schreiben eine Fortsetzung.

KV Seite 41 **Ärger mit Paul**
Die Identifikation mit Juri und Carla ist für die jungen Leser naheliegend. Dieses Arbeitsblatt erfordert einen Perspektivwechsel und bahnt die Identifikation mit dem Antihelden Paul an. Aufgabe 1 fragt das Textverständnis ab und unterstützt die Übernahme von Pauls Sichtweise. Besprechen Sie seine Motive zunächst mündlich mit der Lerngruppe.

In Aufgabe 2 versetzen sich die Kinder in Paul hinein und beschreiben seine Gefühle und Gedanken aus der Ich-Perspektive. Schnellere Schüler überlegen in Aufgabe 3 gemeinsam, welche positiven Folgen Pauls Aktion hatte: Die benachbarten Bauernfamilien kommen miteinander ins Gespräch und ein schon länger gärender Konflikt wird gelöst.

Lösung

Aufgabe 1:
Pauls Vater möchte das Grundstück kaufen, auf dem sich das Gehege befindet. Paul dachte, wenn die Wildschweine

erneut den Acker verwüsten, müssten sie ausziehen. Er hat sie freigelassen, um seinem Vater zu helfen.

Aufgabe 2:
z. B. Ich habe ein richtig schlechtes Gewissen. Eigentlich wollte ich Papa nur helfen. Einmal war der Zaun des Geheges kaputt, die Wildschweine sind ausgebüxt und haben unser Feld zerwühlt. Es gab einen großen Streit. Da war mir klar: Wenn das noch mal passiert, müssen die Tiere weg. Deshalb habe ich sie freigelassen. Aber Carla und Juri haben mich erwischt und ich habe ganz schön Ärger gekriegt. Ich schäme mich total. Das war echt eine Schnapsidee.

Aufgabe 3:
vgl. Hinweise zur Kopiervorlage

Endlich Frieden!

KV Seite 42
Nachdem Paul bei seinem Versuch, die Wildschweine erneut freizulassen, erwischt wird, ergibt sich ein klärendes Gespräch zwischen Pauls Vater sowie Carlas und Juris Eltern. Bauer Heiner ändert darin seine Sichtweise auf die Wildschweine und das Gehege. Somit beenden er und Carlas Eltern den Konflikt. Besprechen Sie die Szene gemeinsam. Die Schüler versuchen, sich in die verschiedenen Figuren hineinzuversetzen. Lassen Sie sie die Szene in Kleingruppen einüben. Wer möchte, präsentiert der Klasse das kurze Theaterstück.

Viele Kinder haben große Freude an szenischem Spiel. Einige sind möglicherweise schüchtern und stehen nicht gern im Mittelpunkt. Differenzieren Sie anhand verschiedener Strategien:
- In Kleingruppen fällt es auch zurückhaltenden Schülern leichter, sich aktiv zu beteiligen.
- Berücksichtigen Sie die unterschiedliche Textmenge, wenn Sie die Rollen verteilen: Carlas Vater, Juri und seine Eltern sind Teil der Szene, sprechen aber nicht

oder kaum. Den meisten Text hat Bauer Heiner, gefolgt von Paul, Carla und ihrer Mutter.
- Überlassen Sie es den Kindern, ob sie beim Vorspielen sitzen oder stehen möchten.

Begrüßung und Abschied

KV Seite 43
Mithilfe des Arbeitsblatts können Sie die wörtliche Rede üben. Die Schüler setzen in das Gespräch zwischen Carla und Juri die richtigen Satzzeichen ein. Stellen Sie ein gelöstes Blatt zur Selbstkontrolle bereit oder führen Sie eine gemeinsame Sicherung durch, um die Verwendung der Zeichen der wörtlichen Rede und die Unterscheidung von wörtlicher Rede und Redebegleitsatz zu festigen. Zur weiteren Übung lassen Sie die Kinder den Text inklusive der Satzzeichen in ihr Heft abschreiben. Haben die Schüler die Möglichkeit einer Selbstkontrolle, eignet sich das Arbeitsblatt für Phasen der Freiarbeit.

Lösung
Aufgabe 2:
„Es hat geklappt!", jubelt Juri. „Sie vertragen sich alle!"
Begeistert klatscht er mit Carla ab.
„Juri!", hört er da Mama rufen. „Wo bist du? Wir wollen jetzt fahren."
Juri schluckt und sagt: „Ich muss los."
„Ich schreibe dir", verspricht Carla. „Und ich schicke dir Fotos von Lotte, Toni und den anderen."
„Und ich komme wieder. Gleich in den nächsten Ferien!"
Das ist für Juri sonnenklar. Denn dieser Urlaub war auf jeden Fall der coolste aller Zeiten.

Der coolste Urlaub aller Zeiten

KV Seite 44
Am Ende des Abschnitts überprüfen und festigen die Schüler ihre Textkenntnis. Dazu bringen sie Szenen der letzten drei Kapitel in die richtige Reihenfolge. Das Lösungswort dient der Selbstkontrolle und ermöglicht die Verwendung des Arbeitsblatts in Freiarbeitsphasen.

Lösung
Bache Berta wühlt mit der Nase in Bauer Heiners Acker. Der ruft wütend: „Alles zertrampelt! Alles aufgewühlt!"
Am nächsten Morgen buddelt die ganze Rotte auf Bauer Heiners Acker. Der Bauer schreit: „Ich zeig euch an!"
Carla ist ratlos. „Vielleicht ist der Zaun wieder kaputt."
Die Kinder suchen den gesamten Zaun ab, doch der ist dicht.
Nachts legen sich Juri und Carla auf die Lauer. Sie lassen das Gehege nicht aus den Augen.
Da sieht Juri einen Schatten. Zielstrebig bewegt er sich auf das Gehege zu. Irgendwer macht sich am Gatter zu schaffen!

Die Kinder verfolgen die Gestalt. Carla leuchtet mit der Taschenlampe. Es ist Paul!

Die Eltern stellen ihn zur Rede. Paul lässt den Kopf hängen. Er flüstert seinem Vater zu: „Ich wollte dir helfen."

Die Erwachsenen begraben endlich ihren Streit.

Bald ist Juris Urlaub zu Ende. Er wird viel verpassen. Aber wie Toni aus seinem Extragehege darf, kriegt er noch mit.

Die Wildschweine werden zusammengeführt. Es ist, als wäre Toni schon immer bei ihnen gewesen. „Es hat geklappt!", jubelt Juri.

Carla und Juri verabschieden sich. „In den nächsten Ferien komme ich wieder", verspricht Juri.

Lösungswort: WILDGEHEGE

Nach der Lektüre

 KV Seite 45

Meine Buchkritik

Nachdem die Schüler die Lektüre abgeschlossen haben, üben sie, ihre Gedanken dazu zu formulieren. Dabei sollen sie sich eine Meinung bilden, sie äußern und begründen sowie Verbesserungsvorschläge anbringen. Darüber hinaus setzen sie sich kreativ mit der Titelbildgestaltung auseinander. Das Arbeitsblatt kann als Anbahnung für eine Buchvorstellung betrachtet werden. Wer möchte, präsentiert der Klasse die eigene Meinung.

KV Seite 46/47

Lesespiel

Lesespiele stellen eine motivierende Leseübung dar, bei der sich erst während des Spiels ergibt, wer als Nächstes an der Reihe ist. Anfangs ist auch der Inhalt unvorhersehbar und selbst nach mehreren Durchgängen bleibt das Lesespiel für die Schüler spannend und vergnüglich. Es eignet sich sowohl als Einstieg in den Unterricht als auch für spielerische Phasen zwischendurch. Um eine längere Haltbarkeit zu gewährleisten, können Sie die Karten vor dem Ausschneiden auf einen dünnen Pappkarton kleben und laminieren.

Jedes Kind bekommt eine Karte und liest sie leise. Falls die Klasse aus weniger als 28 Schülern besteht, erhalten lesestarke Kinder zwei Karten, damit keine übrig bleibt. Der obere Teil der Karte zeigt an, was gerade passiert ist, der untere, was der jeweilige Spieler daraufhin tun soll. Stellen Sie sicher, dass alle wissen, wie sie ihre Karte verwenden. So ergibt sich eine Kette aus Aussagen und Handlungen, die die Geschichte in Kürze wiedergeben.

 **KV Seite 48**

Miniheft Wildschweine

Das Miniheft fasst das erworbene Wissen über Wildschweine zusammen. Die Schüler füllen die Seiten aus und zeigen sich so als Experten. Das Blatt eignet sich für die Freiarbeit. Bei Unklarheiten können die Kinder die bereits ausgefüllten Arbeitsblätter zur Hand nehmen. Das Deckblatt und die Rückseite gestalten sie nach ihren Vorstellungen. Wenn alles fertig ist, falten die Schüler das Büchlein nach der folgenden Anleitung.

1. Das Blatt einmal an der schmalen Seite und zweimal hintereinander an der langen Seite jeweils in der Mitte falten und wieder aufklappen, sodass die hier eingezeichneten Faltlinien zu sehen sind:

2. Dann das Blatt einmal an der langen Seite zusammenlegen und mit der Schere vom Falz bis zur Querfaltlinie einschneiden. Das Blatt wieder öffnen.

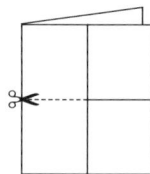 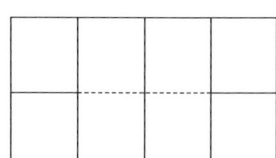

3. Das Blatt an der schmalen Seite in der Mitte falten und von außen mit beiden Händen zur Mitte zusammenschieben, sodass sich in der Mitte der Schnitt öffnet und das Papier vorn und hinten nach außen klappt.

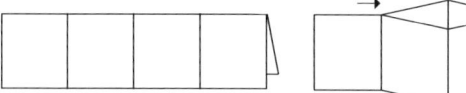

4. Die vier Buchseiten so aufeinanderlegen, dass die Seite mit dem Titel oben liegt. Die restlichen Seiten folgen den Seitenzahlen entsprechend.

Lösung

Diese Tiere leben in einer Rotte: Bachen, Frischlinge, Überläufer

Diese Wildschweine sind Einzelgänger: Keiler

Das fressen Wildschweine: Eicheln, Bucheckern, Getreide, Wurzeln, Rüben, Kartoffeln, Mais, Schnecken, Mäuse, Vogeleier, Würmer

Wildschweine sind … Allesfresser./nachtaktiv.

Diese Wildschweinarten kenne ich noch: Warzenschwein, Pinselohrschwein, Hirscheber (Babirusa), Nabelschwein (Pekari), Zwergwildschwein

Weitere Unterrichtsvorschläge

- Sprechen Sie mit Ihrer Klasse über das Warzenschwein Pumba aus „Der König der Löwen". Viele Kinder kennen das Lied „Hakuna Matata", das Pumbas positive Lebenseinstellung verdeutlicht. Singen oder hören Sie es zusammen. Sehen Sie sich auch Bilder von Pumba an und diskutieren Sie: Was ist realitätsnah dargestellt? Was ist Fiktion? Welche menschlichen Eigenschaften hat das Warzenschwein?
- Falten Sie mit den Schülern Origami-Wildschweine. Ausführliche Anleitungen finden Sie im Internet, z. B. hier: *https://www.basteln-gestalten.de/schweinchen-basteln*. Verwenden Sie braunes Papier. Um einen Frischling zu basteln, malen die Kinder helle Streifen auf.

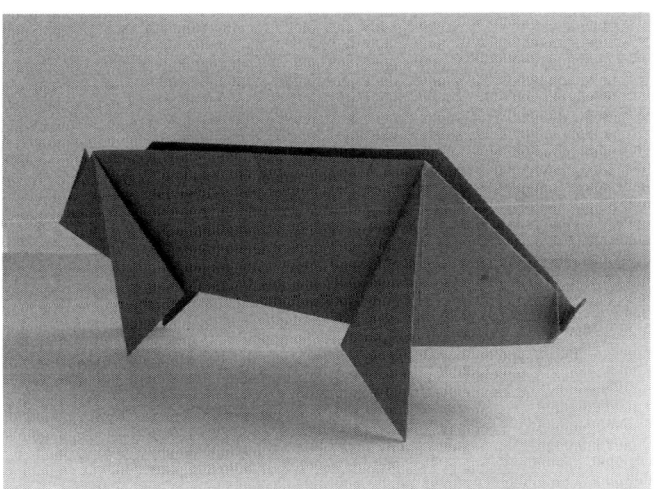

Internet

https://www.deutschewildtierstiftung.de/wildtiere/wildschwein: Ziel der Deutschen Wildtier Stiftung ist es, Wildtiere zu schützen sowie ihren Lebensraum zu erhalten. Hier finden Sie Informationen und Tierstimmen zum Wildschwein.
https://www.wildtierportal-bw.de/de/frontend/product/detail?productId=10: Das Wildtierportal Baden-Württemberg bietet einen Steckbrief vom Wildschwein sowie Bilder und Tierstimmen.
https://www.bund.net/bund-tipps/detail-tipps/tip/unser-tipp-im-januar-wildschweine-im-rausch-der-liebe/: Der BUND gibt Tipps zum Beobachten von Wildschweinen.

Sachbuch

Barbara Rath, *Das Wildschwein* (Schauen und Wissen!), München: Hase und Igel 2021

Name:

lesen **schreiben** Spracharbeit rätseln malen basteln

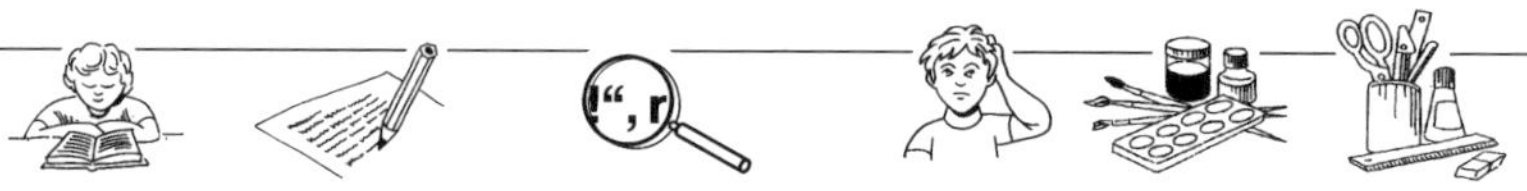

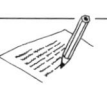

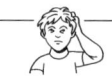

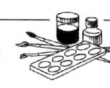

Das Buch von außen

Deine Lektüre gibt dir schon auf der Vorder- und Rückseite des Umschlags viele Informationen.

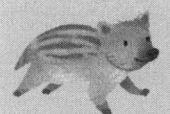

Sieh dir das Buch genau an und trage die folgenden Begriffe in die Abbildung ein.

Titelbild | Buchdeckel | Klappentext | Titel | Verlagsname

Buchrücken | Autor oder Autorin | Bestellnummer (ISBN)

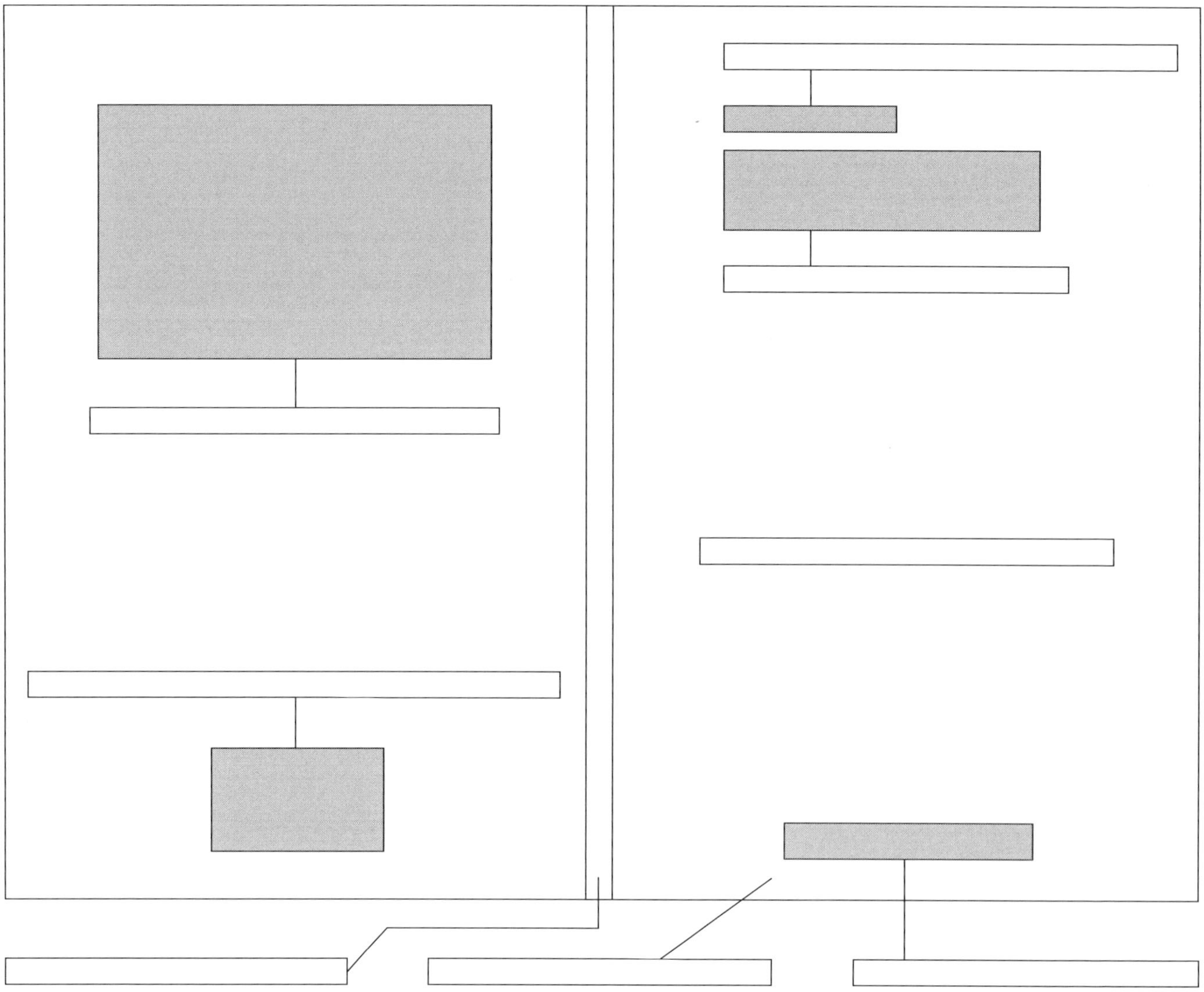

Name: _____

Meine Lektüre

 Betrachte das Titelbild des Buches. Beantworte die Fragen.

1. Was ist auf dem Bild zu sehen? Beschreibe.

| |
| |
| |
| |
| |

2. Worum könnte es in der Geschichte gehen?

| |
| |

3. Hast du schon einmal ein Wildschwein gesehen? Wenn ja: Wann und wo war das?

| |
| |

 Male ein Wildschwein.

Lesezeichen

Ein Lesezeichen hilft dir, dich im Buch zurechtzufinden. Du merkst dir damit, bis wohin du gelesen hast. Mit dem Zeilometer kannst du ganz leicht herausfinden, in welcher Zeile eine Textstelle steht.

 **Bastle dir ein Lesezeichen. Folge dazu der Anleitung.**

1. Suche dir ein Lesezeichen aus und male es an.
2. Schneide es entlang der gestrichelten Linie aus.
3. Klebe das Lesezeichen auf feste Pappe.
4. Schreibe deinen Namen auf die Rückseite.

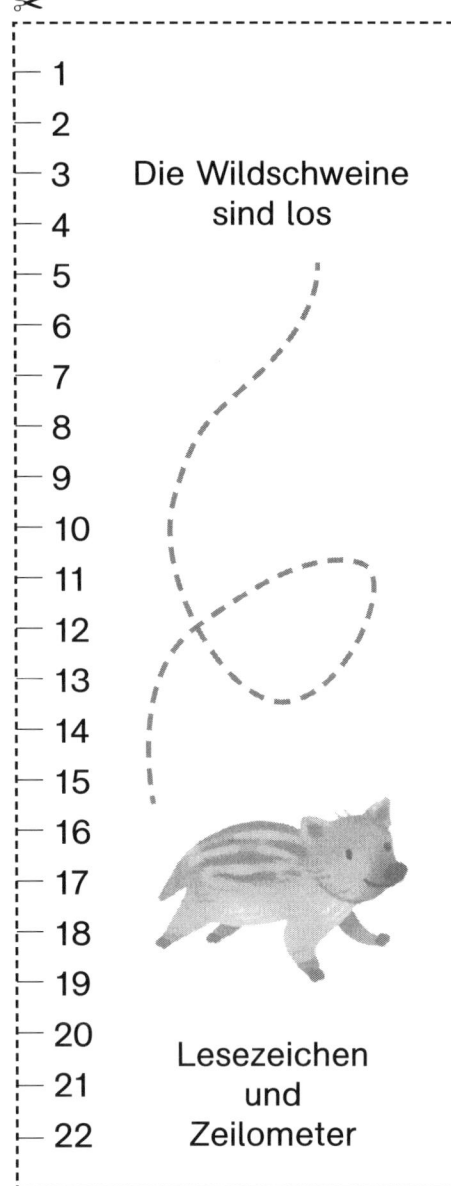

Auf dem Bauernhof

Ferien auf dem Bauernhof – wie langweilig! Juri hat keine Lust, sich umzugucken oder im Stall zu helfen. Und dann ist da noch das rothaarige Mädchen …

 Finde die Adjektive im 1. Kapitel und trage in die Kreise ein, wo sie stehen. Schreibe dahinter jeweils das Gegenteil.

finster (Seite ◯, Zeile ◯) – [ ]

schön (Seite ◯, Zeile ◯) – [ ]

gut (Seite ◯, Zeile ◯) – [ ]

warm (Seite ◯, Zeile ◯) – [ ]

höflich (Seite ◯, Zeile ◯) – [ ]

kurz (Seite ◯, Zeile ◯) – [ ]

> Verwende dein Lesezeichen, um die Zeilenangabe herauszufinden.

 Im Gitter haben sich sechs Adjektive versteckt. Markiere sie farbig. Schreibe sie dann mit ihren Steigerungsformen in dein Heft.

S	T	E	M	I	K	S	W	A	Z	E
O	R	G	T	H	Ä	T	U	C	N	Q
Y	A	Q	O	W	E	T	N	U	E	I
O	U	P	L	Ü	A	S	D	F	U	H
J	R	K	L	X	V	Ä	E	L	G	Ö
C	I	V	B	M	Q	W	R	T	I	Z
E	G	R	G	U	T	I	S	O	E	S
A	S	D	Ä	F	G	J	C	K	R	L
H	E	R	Z	L	I	C	H	Y	I	C
V	B	N	P	M	X	E	Ö	A	G	R
Ü	T	I	H	E	F	L	N	D	S	A

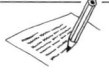 
Wer ist Carla?

Am ersten Tag des Urlaubs lernt Juri das Mädchen Carla kennen.
Was kannst du alles über sie herausfinden?

 Fülle den Steckbrief aus und male ein Bild von Carla.

> Lies im 1. und 2. Kapitel nach.

Name:

Carla

Alter:

_____

Aussehen:

_____

Hier wohne ich:

_____

Das mache ich gern:

_____

_____

 Wie ist Carla? Nenne mindestens drei Adjektive, um ihren Charakter zu beschreiben.

> Lies im 3. Kapitel nach.

_____

_____

_____

_____

 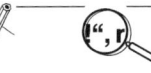 
Was ist ein Wildgehege?

Carla zeigt Juri das Wildgehege und seine Bewohner.

 Lies die Texte. Welcher beschreibt ein Wildgehege, welcher einen Zoo? Verbinde.

Der Zoo	Das Wildgehege
•	•
•	•
Es handelt sich um eine eingezäunte Fläche, auf der Tiere gehalten werden, die sonst wild in unserer heimischen Natur vorkommen. Dazu zählen Rehe und Hirsche, Wildschweine, Luchse und Wölfe. Manchmal darf man die Bewohner sogar füttern oder streicheln.	Hier leben zwar auch Tiere in Gehegen, aber vor allem solche, die bei uns nicht wild vorkommen. Wir nennen sie exotische Tiere. Das sind zum Beispiel Tiger, Papagei, Elefant und Löwe.

 Welche Tiere können bei uns in einem Wildgehege leben? Male sie grün an.

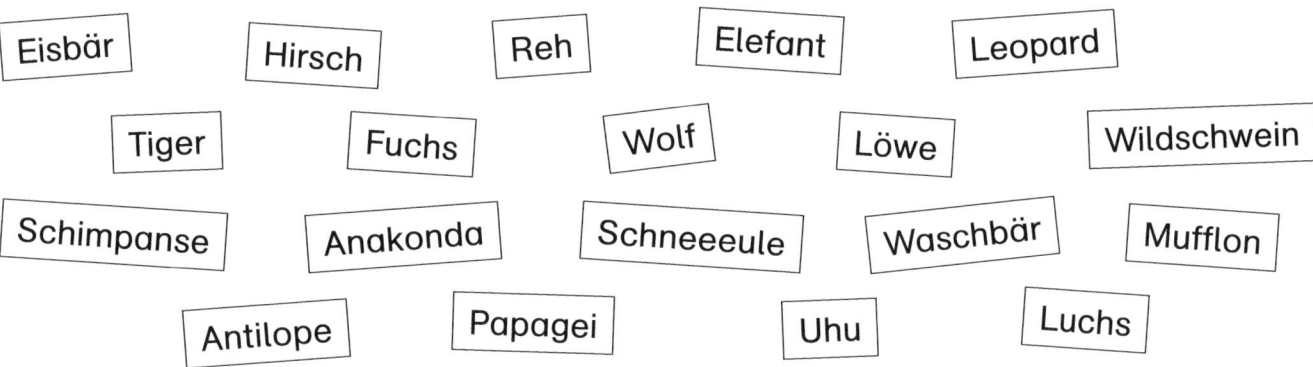

Eisbär   Hirsch   Reh   Elefant   Leopard

Tiger   Fuchs   Wolf   Löwe   Wildschwein

Schimpanse   Anakonda   Schneeeule   Waschbär   Mufflon

Antilope   Papagei   Uhu   Luchs

 Gibt es in deiner Nähe ein Wildgehege? Finde es heraus und schreibe auf, was du erfahren hast.

 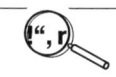  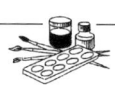
Der Körper des Wildschweins

 Lies den Text.

Wildschweine sind starke und wendige Tiere. Ihre **Beine** sind kurz, aber sie können damit bis zu fünfzig Stundenkilometer schnell rennen. Mit dieser Geschwindigkeit fährt ein Auto in der Stadt! An den Füßen tragen sie zwei große und zwei kleine Zehen, die man auch **Klauen** nennt. Wildschweine haben einen keilförmigen **Kopf** mit einer **Rüsselnase**, kleinen **Augen** und großen **Ohren**. Sie hören und riechen sehr gut. Mit ihrer Rüsselnase durchwühlen sie den Boden auf der Suche nach Nahrung. Das **Fell** ist dunkel und borstig. Es wärmt die Tiere und schützt die Haut vor Verletzungen durch Äste und Gebüsch. Wildschweine haben einen beweglichen **Schwanz**, mit dem sie ihre Stimmung ausdrücken können. Das Haarbüschel am Ende des Schwanzes heißt **Quaste**.

 Beschrifte das Wildschwein. Trage dazu die fett gedruckten Begriffe aus Aufgabe 1 an den richtigen Stellen ein.

 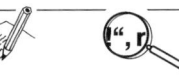  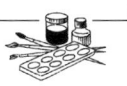
Schwein ist nicht gleich Schwein

Als Juri die Wildschweine Emma, Berta und Käthe kennenlernt, stellt er fest, dass sie einem Hausschwein ähnlich sehen. Es gibt aber auch viele Unterschiede.

 Lies den Text über Wild- und Hausschweine.

Vor etwa 10 000 Jahren fingen Menschen an, aus Wildschweinen Haustiere zu züchten. Die ersten Hausschweine waren schlanker und sahen ihren wilden Verwandten sehr ähnlich. Die heutigen Hausschweine sind dicker und ihre Borsten hell. Anders als Wildschweine tragen sie keine Quaste, sondern einen kurzen Ringelschwanz. Männliche Wildschweine (Keiler) haben häufig lange Eckzähne, männliche Hausschweine (Eber) kürzere.

Die Haustiere sind in Ställen oder Gehegen untergebracht. Zwar gibt es auch Wildschweine in Gehegen, aber die meisten leben frei im Wald. Da Haus- und Wildschweine in verschiedenen Lebensräumen zu Hause sind, unterscheidet sich ihre Nahrung. Hausschweine bekommen vorbereitetes Futter, das aus Heu, Stroh, Getreide und Mais besteht. Wildschweine fressen, was sie im Wald oder auf einem Feld finden: zum Beispiel Eicheln, Vogeleier, Mais, Bucheckern und Pilze.

 Wie unterscheiden sich Wild- und Hausschweine voneinander? Fülle die Tabelle aus. Schreibe in Stichpunkten.

	Wildschwein	Hausschwein
Fell		
Zähne		
Schwanz		
Lebensraum		
Nahrung		

Teekesselchen

Juri ist verwirrt: Was soll denn ein Überläufer sein? Lebt etwa ein Spion auf dem Hof? Doch dann wird klar, dass das Wort zwei Bedeutungen hat. Solche Wörter nennt man auch Teekesselchen.

 Ordne den Teekesselchen ihre verschiedenen Bedeutungen zu. Male sie jeweils in derselben Farbe an.

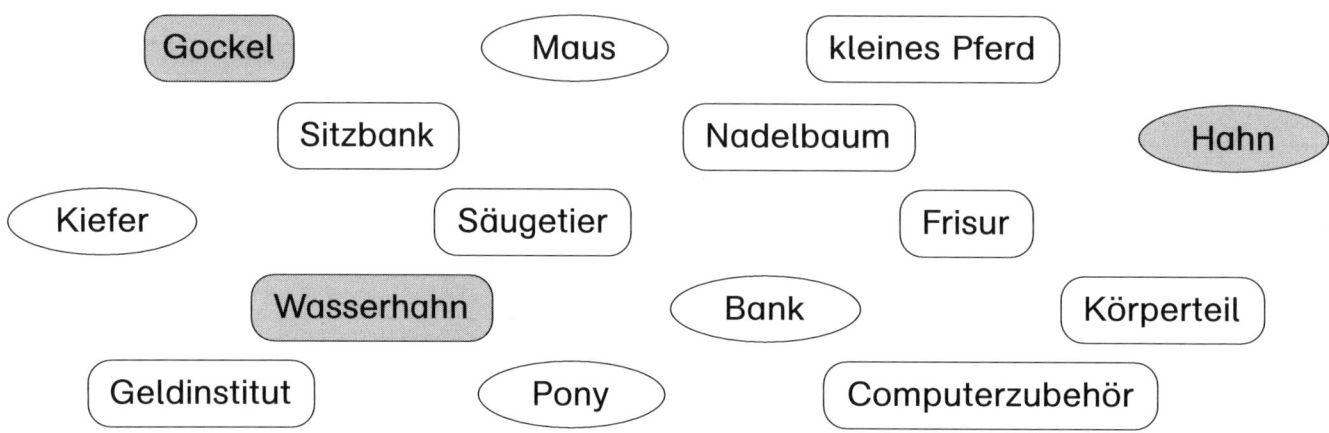

Gockel   Maus   kleines Pferd

Sitzbank   Nadelbaum   Hahn

Kiefer   Säugetier   Frisur

Wasserhahn   Bank   Körperteil

Geldinstitut   Pony   Computerzubehör

 Kennst du noch mehr Teekesselchen? Schreibe sie auf.

_____

_____

_____

 Spielt das Teekesselchen-Spiel!

Jeweils zwei Kinder bilden ein Paar und suchen sich leise ein gemeinsames Teekesselchen aus. Jedes Kind übernimmt eine der Bedeutungen. Das erste Kind sagt z. B.: „Mein Teekesselchen ist ein Tier." Das zweite ergänzt: „Mein Teekesselchen gehört zu einem Computer." Was könnte das sein?
Wenn die Gruppe das Teekesselchen errät, ist das nächste Paar an der Reihe. Wenn nicht, erfolgen weitere Hinweise auf das Lösungswort.

Name:

Doch nicht so langweilig!

 Am Anfang hatte Juri keine große Lust auf den Urlaub. Wieso? Erkläre.

 Woran könnte es liegen, dass Juri immer mehr Spaß auf dem Bauernhof hat? Trage in die Tabelle ein. Notiere die Seiten, auf denen du die Szene entdeckst.

Szene	Seitenzahl
Ein lautes Grunzen weckt Juris Neugier.	12/13

Was stimmt?

 Kreuze jeweils die richtige Antwort an.

1. Wo machen Juri und seine Eltern Urlaub?

☐ In einem Hotel am Strand. ♡

☐ Auf einem Biobauernhof. ☆

☐ Auf einem Zeltplatz im Wald. ✣

2. Juris Familie macht dort Urlaub, weil …

☐ Juris Eltern gerade nicht viel Geld haben. △

☐ Juri sich den Urlaub gewünscht hat. ○

☐ sie für eine Flugreise spart. ♡

3. Wie begrüßt Carla Juri?

☐ Sie winkt lachend. ✣

☐ Sie streckt ihm die Zunge heraus. ☐

☐ Sie zeigt ihm den Hof. ○

4. Wer sitzt auf dem Baum?

☐ Eine Amsel. ♡

☐ Carla. ○

☐ Ein Junge. ☆

5. In dem Extragehege wohnt …

☐ ein Hausschwein. ✣

☐ ein Überläufer. △

☐ eine Bache mit Frischlingen. ♡

 Hinter den richtigen Antworten findest du Symbole. Male nur die Felder mit diesen Symbolen an.

Was fressen Wildschweine?

 **Lies den Text.**

Wildschweine sind Allesfresser. Sie mögen pflanzliche Nahrung wie Eicheln, Bucheckern, Kräuter, Wurzeln und Pilze. Sie ernähren sich aber auch von Fleisch. Beim
Durchwühlen des Bodens finden sie Mäuse oder Insektenlarven. Wildschweine ver-
speisen außerdem Schnecken, Frösche, Eidechsen und Vogeleier. Manchmal fressen
sie sogar junge Hasen oder Rehkitze. Darüber hinaus verzehren Wildschweine Aas,
also tote Tiere. So halten sie ihr Revier sauber. Gern bedienen sie sich auch an
Feldern und Äckern. Dort fressen sie Früchte, Mais, Kartoffeln oder Rüben.

 **Wovon ernähren sich Wildschweine in freier Natur? Male an.**

| Eicheln | Bananen | Bucheckern | Getreide | Wurzeln | Zitronen |

| Bonbons | Rüben | Kartoffeln | Schokolade | Mais |

| Käse | Schnecken | Mäuse | Vogeleier | Kuchen |

Je nachdem, was Tiere fressen, unterscheidet sich ihr Gebiss.

 **Wer frisst was? Verbinde.**

Pflanzenfresser •	• Der Wolf und der Fuchs haben scharfe Zähne, um Stücke aus dem Fleisch des Beutetiers zu reißen.
Fleischfresser •	• Das Wildschwein und der Dachs haben ein Gebiss, mit dem sie Fleisch und Pflanzen zerkauen können.
Allesfresser •	• Hirsche und Rehe brauchen breite Backenzähne, um die pflanzliche Nahrung zu zermahlen.

lesen   schreiben   Spracharbeit   rätseln   malen   basteln

Eine wilde Truppe

 **Lies den Text.**

Wildschweine leben in Gruppen. So eine Gruppe heißt Rotte und besteht aus weiblichen Wildschweinen (Bachen) und ihren Jungtieren. Die Rotte wird von einem erfahrenen Wildschwein, der Leitbache, angeführt. Jede Gemeinschaft hat ihr eigenes Revier. Die männlichen Wildschweine (Keiler) sind Einzelgänger und nur in der Paarungszeit mit den Bachen zusammen.

Im Frühling bringen die Bachen vier bis zehn Junge zur Welt. Die nennt man Frischlinge. Sie haben ein gelb-braun gestreiftes Fell und werden von den Müttern gesäugt, bis sie feste Nahrung fressen können. Die männlichen Jungtiere verlassen die Rotte nach einem Jahr. Man nennt sie dann Überläufer. Die Überläufer bleiben häufig noch ein Jahr zusammen, bevor sich jeder Keiler ein eigenes Revier sucht.

 **Was bedeuten die Begriffe? Verbinde und trage die eingeklammerten Buchstaben unten in die Kästchen ein.**

1. Rotte •	• einjähriges Wildschwein (A)
2. Bache •	• ausgewachsenes weibliches Wildschwein (E)
3. Keiler •	• eine zusammenlebende Gruppe Wildschweine (B)
4. Frischling •	• ausgewachsenes männliches Wildschwein (R)
5. Überläufer •	• neugeborenes Wildschwein (T)

Lösungswort:

1	2	3	4	5

Was braucht Lotte?

Auf dem Bauernhof kommt ein weiteres Findelkind an: ein Frischling. Juri und Carla versorgen das kleine Wildschwein. Aber womit?

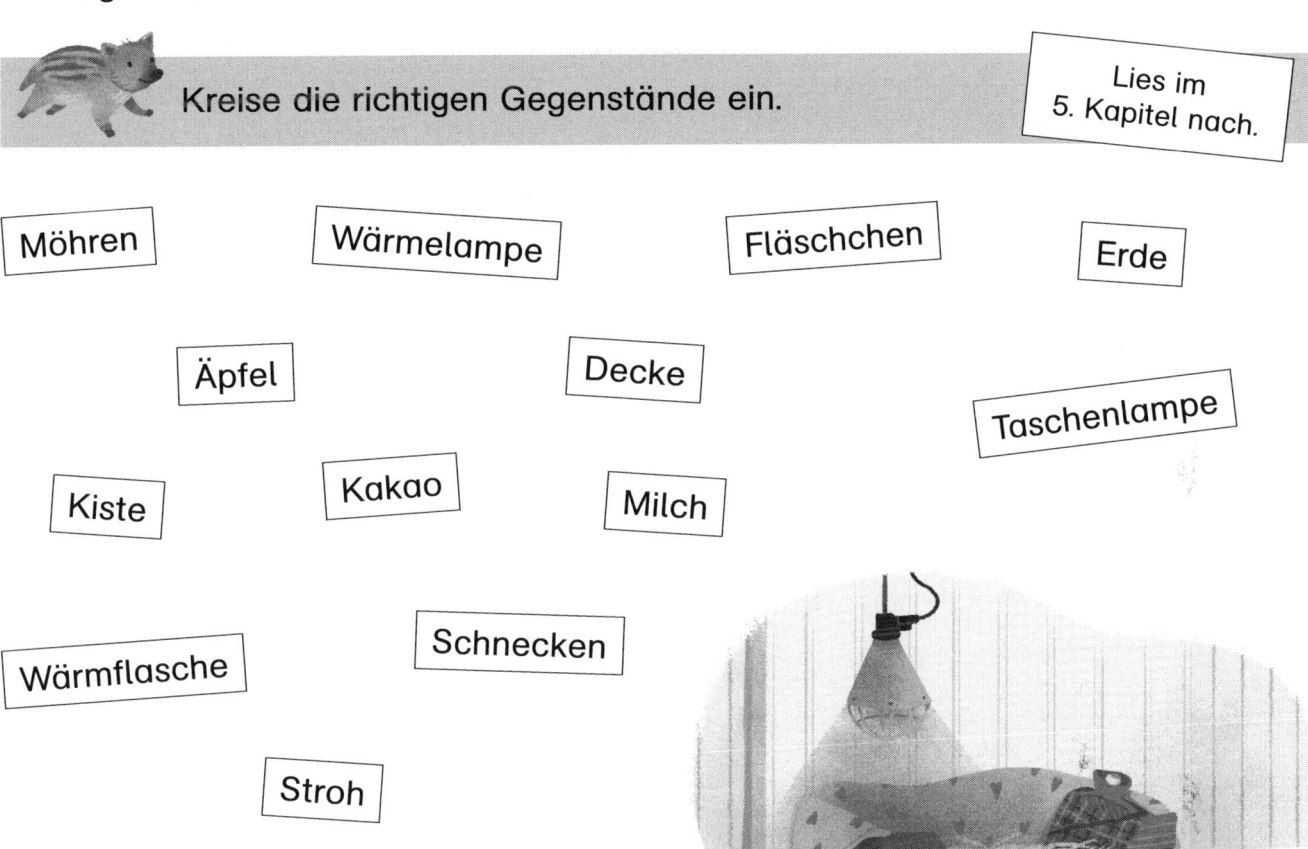

Kreise die richtigen Gegenstände ein.

Lies im
5. Kapitel nach.

Möhren   Wärmelampe   Fläschchen   Erde

Äpfel   Decke   Taschenlampe

Kiste   Kakao   Milch

Schnecken

Wärmflasche

Stroh

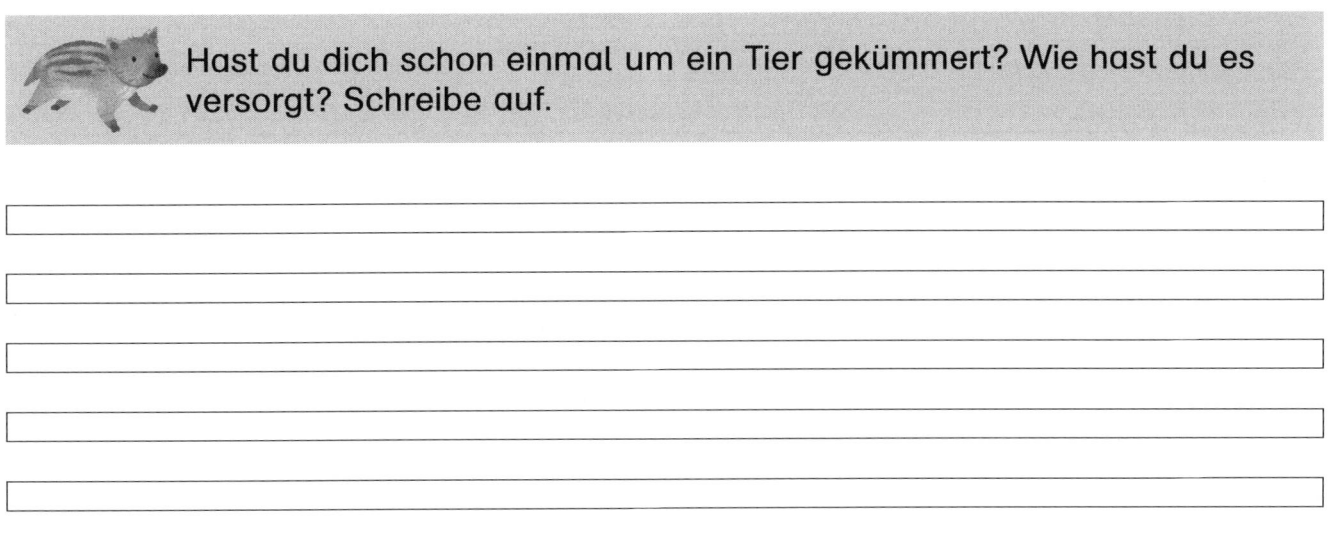

Hast du dich schon einmal um ein Tier gekümmert? Wie hast du es versorgt? Schreibe auf.

Tiere im Dunkeln

 Lies den Text.

Wildschweine sind nachtaktiv. Das bedeutet, sie werden erst in der Dämmerung munter und kommen aus ihrem Versteck hervor. Während wir Menschen schlafen, findet das Leben der Wildschweine statt: Sie streifen durch ihr Revier, suchen nach Nahrung, suhlen sich in Schlammlöchern, kuscheln miteinander und reiben sich an Bäumen.

Auch Igel, Fledermäuse, Marder, Eulen, Mäuse und Füchse sind nachtaktiv. Im Dunkeln sind sie besser vor Feinden geschützt. Manche dieser Tiere haben Augen, mit denen sie auch in der Nacht gut sehen können. Andere hören besonders gut oder orientieren sich mit ihren Tasthaaren.

 Welche Tiere sind nachts und welche am Tag aktiv? Kreise ein: nacht-aktiv = blau, tagaktiv = gelb.

Wildschwein-Verben

Was Wildschweine alles tun! Ordne die Beschreibungen unten den Verben zu. Schneide sie dazu aus und klebe sie an die richtige Stelle.

grunzen	
buddeln	
schmatzen	
wühlen	
schnüffeln	
brechen	

Schreibe Sätze mit drei der Verben aus Aufgabe 1.

_____

_____

_____

✂ -

in der Erde graben

in der Erde graben

mit der Schnauze einem Geruch nachgehen

dunkle, kehlige Laute ausstoßen

mit der Rüsselnase und den Zähnen den Boden aufgraben

geräuschvoll fressen

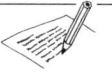
Post von Juri

Juri will seinem Freund Niko eine Postkarte aus dem Urlaub schicken. Er erzählt von seinen Erlebnissen auf dem Bauernhof.

 Schreibe die Postkarte für Juri.

Hallo Niko,

Niko Istengir

Amselweg 8

56114 Baumstadt

Was ist auf der Postkarte zu sehen? Male.

Zusammengesetzt hält besser

Nomen lassen sich zu neuen Wörtern zusammensetzen. Auch andere Wortarten wie Adjektive können mit Nomen kombiniert werden. Der Artikel richtet sich immer nach dem letzten Nomen. Aus mehreren Wörtern gebildete Nomen nennt man Komposita.

 **Welche Wörter lassen sich zu Komposita zusammensetzen? Verbinde.**

wild •	• Nase
wild •	• Fresser
Rüssel •	• Stall
bio •	• Gehege
Schweine •	• Arzt
über •	• Läufer
alles •	• Schwein
Wärme •	• Schicht
Tier •	• Gemüse
Nacht •	• Lampe

 **Schreibe die Komposita mit dem richtigen Artikel auf. Trenne sie mit einem Komma voneinander.**

> Nomen schreiben wir groß.

_____

_____

_____

_____

_____

Wildschweine weltweit

Wildschweine gibt es auf allen Kontinenten – außer der Antarktis. Sie haben verschiedene Namen und sehen unterschiedlich aus.

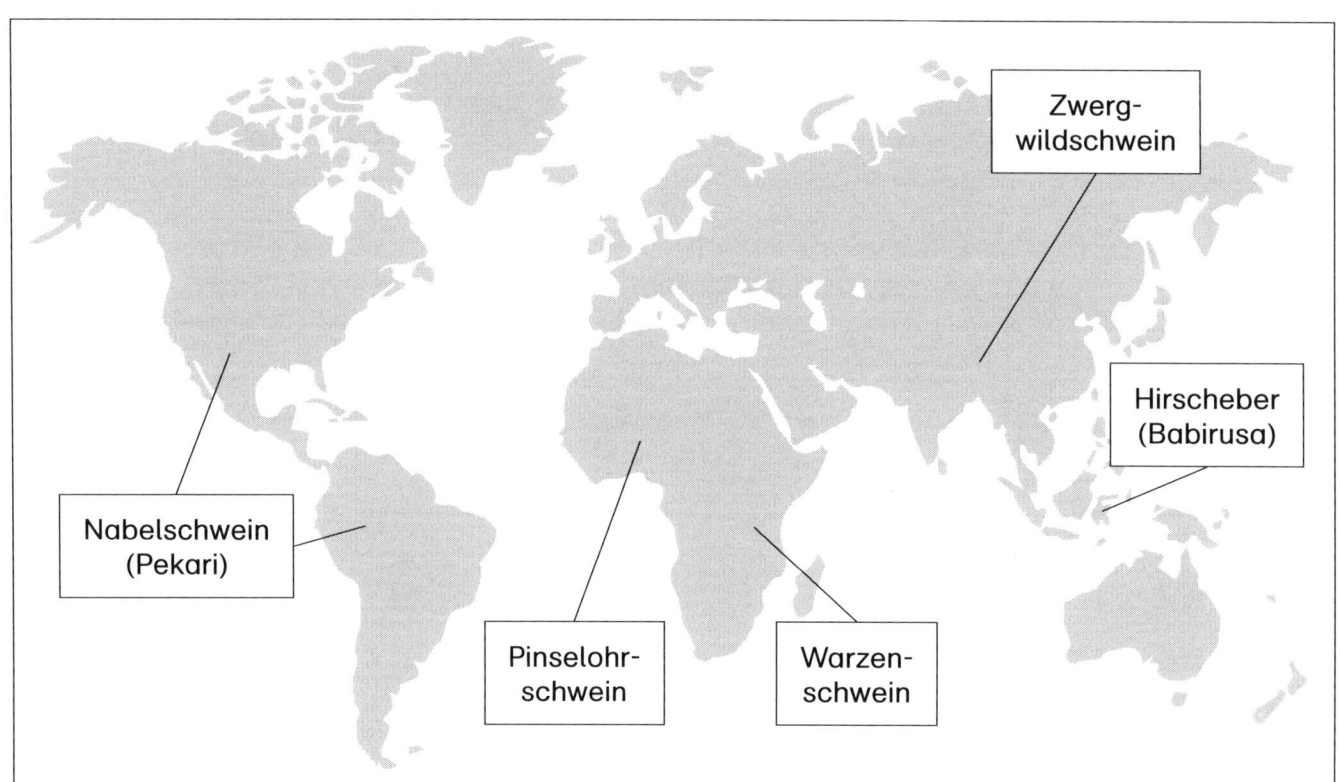

 Suche dir eine Wildschweinart aus und finde Informationen über diese Art. Fülle den Steckbrief aus und male ein Bild.

Informationen findest du im Internet oder in einem Buch über Wildschweine.

Name:

Kontinent:

Besonderheiten:

Name:

lesen   schreiben   Spracharbeit   rätseln   malen   basteln

Kreuzworträtsel

 Was weißt du schon über Wildschweine? Schreibe die passenden Begriffe in das Gitter. Verwende Großbuchstaben.

1. Tiere, die Pflanzen und Fleisch fressen, sind …
2. Die Schnauze von Schweinen wird im Buch auf Seite 18 … genannt.
3. So heißen die ausgewachsenen männlichen Wildschweine.
4. Das ist die Bezeichnung für Schweine, die frei leben.
5. Ein ganz junges Wildschwein heißt …
6. Eine Wildschweinsau nennt man …
7. Damit endet der Schwanz von Wildschweinen.
8. Das haben Schweine an den Füßen.
9. Tiere, die nachts unterwegs sind, bezeichnet man als …
10. Wildschweine, die ein Jahr alt sind, heißen …
11. Keiler haben große und scharfe …

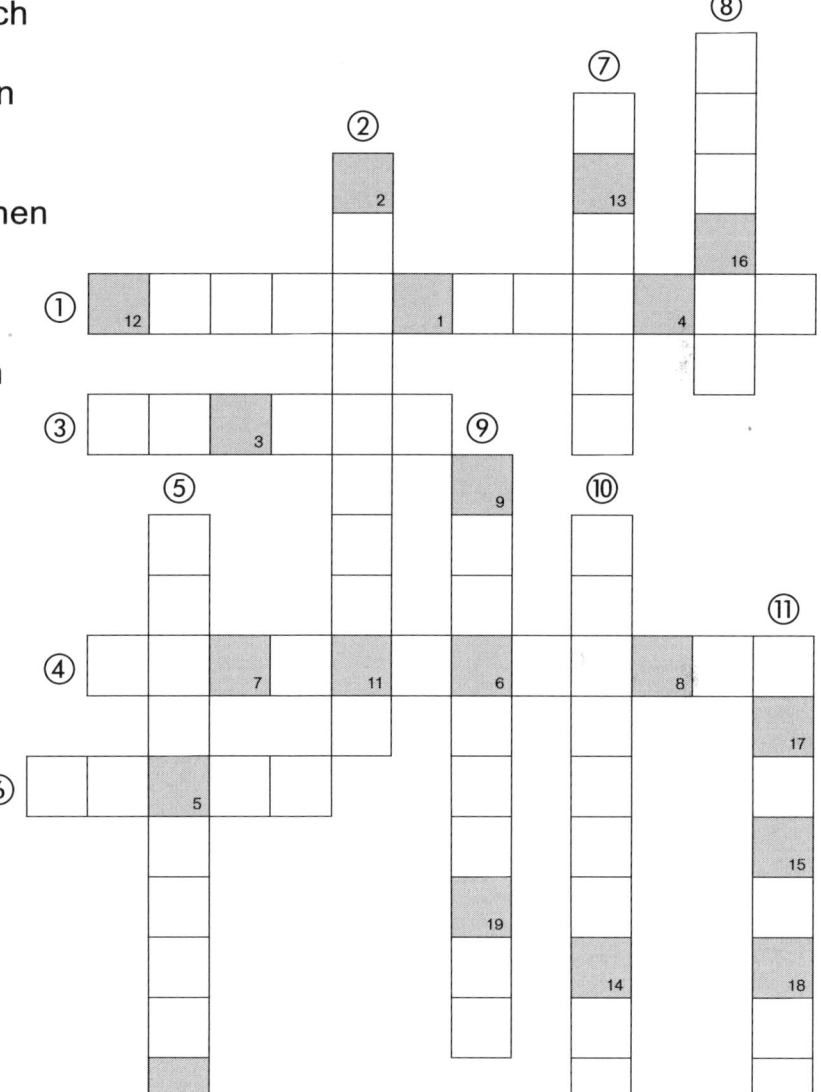

 Trage die grau hinterlegten Buchstaben in der richtigen Reihenfolge ein. Sie ergeben ein Lösungswort.

1	2	3	4	5	6	7	8	9	10	11	12	13	14	15	16	17	18	19

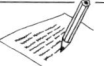   
Richtig oder falsch?

 Welche Aussagen sind richtig, welche sind falsch? Kreise den entsprechenden Buchstaben ein.

	richtig	falsch
1. Toni wird mit Äpfeln und Möhren gefüttert.	C	D
2. Juri liest ein Sachbuch über Hausschweine.	E	A
3. Toni lebt in einem Extragehege.	R	P
4. Der Förster hat den Frischling am Straßenrand gefunden.	L	M
5. Carla und Juri holen Stroh mit einer Schubkarre.	A	E
6. Der Frischling frisst Schnecken und Würmer.	W	U
7. Juri und Carla nennen den Frischling Lotte.	N	K
8. Die ganze Nacht füttern Carla und Juri das kleine Wildschwein.	O	D
9. Carla und Juri wechseln sich mit dem Füttern ab.	J	I
10. Lotte büxt aus.	U	L
11. Carlas Vater fängt sie wieder ein.	A	R
12. Wildschweine sind nachtaktiv.	I	S

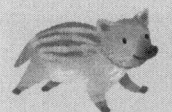 Wer hat sich hier versteckt? Trage die Buchstaben von oben nach unten in die Kästchen ein.

1	2	3	4	5		6	7	8		9	10	11	12

 Schreibe die falschen Sätze richtig in dein Heft.

Name:

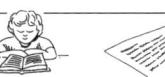 
Spuren auf dem Feld

Die Rotte ist auf Bauer Heiners Acker unterwegs und hinterlässt dort Spuren. Wildschweine sind Paarhufer. Du erkennst bei ihnen neben zwei großen Abdrücken auch die der beiden kleinen Zehen.

 Findest du die Wildschweinspuren? Kreise sie rot ein.

 Ordne den Tieren ihre Spuren zu. Verbinde.

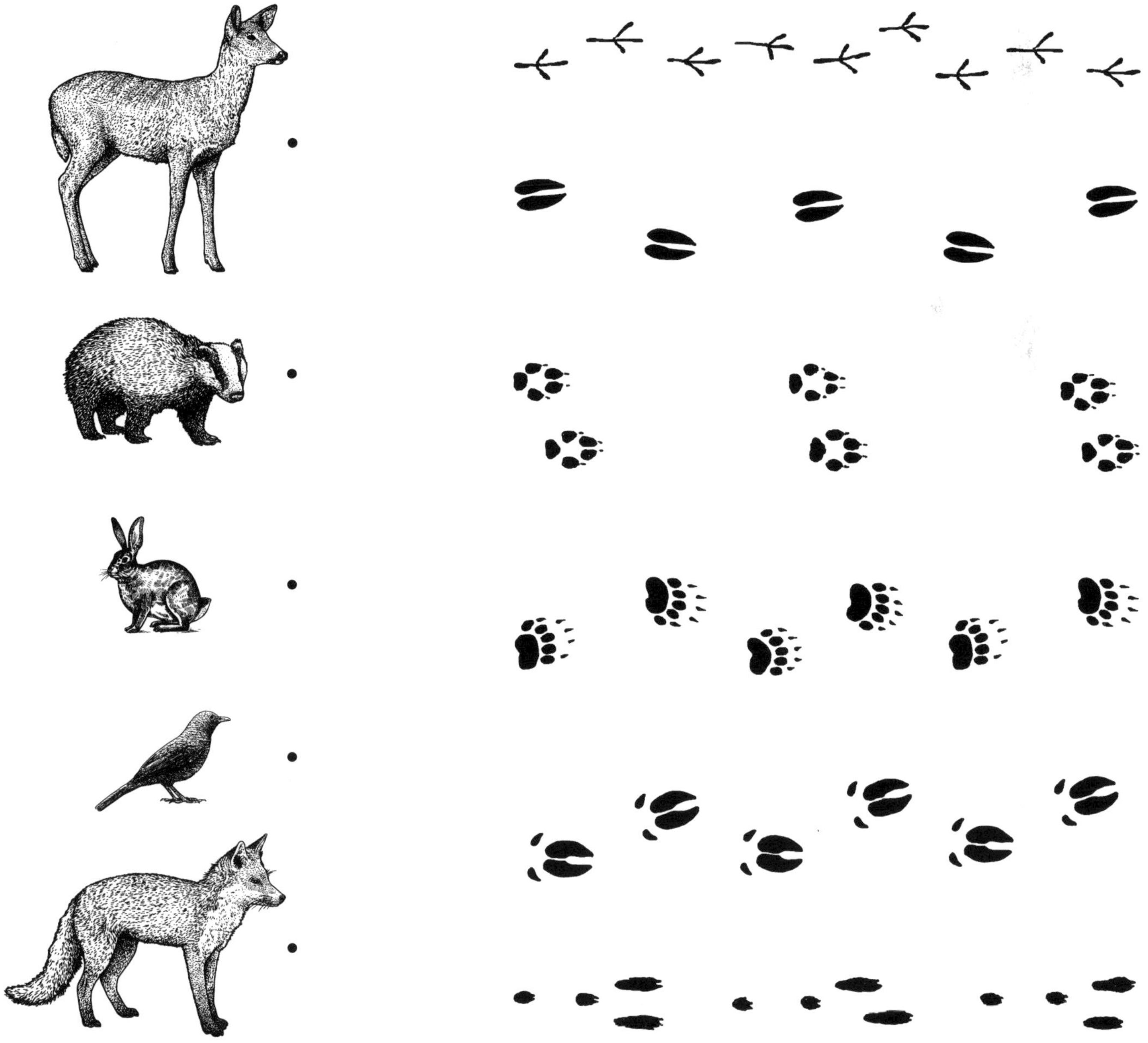

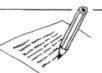   
Schäden durch Wildschweine

Die Bachen haben Bauer Heiners Acker verwüstet! So etwas kommt tatsächlich immer wieder vor und ist für die Landwirte ein großes Problem.

 Verbinde die Satzteile, die zusammengehören.

Da ausgewachsene Wildschweine kaum Fressfeinde haben, •	• verlassen sie deshalb zunehmend den Wald.
Auf der Suche nach Nahrung •	• zerstören dabei die Ernte.
Dann fressen sie, was sie auf den Äckern finden: •	• auch bis in die Städte.
Sie wühlen in der Erde und •	• steigt ihre Zahl.
Immer wieder kommen Wildschweine •	• Mais, Getreide, Früchte, Rüben und Kartoffeln.
Dort plündern sie die Mülltonnen •	• und graben Beete um.

 Wildschweine können auf einem Acker zu Problemen führen. Erkläre.

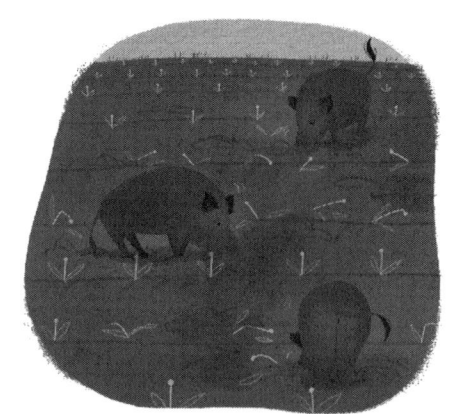

 Welche Ideen habt ihr, um Konflikte mit den Wildtieren zu lösen oder zu verhindern? Sprecht darüber.

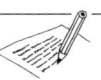
Ärger mit Paul

Juri und Carla haben herausgefunden, wer die Wildschweine freigelassen hat: Paul.

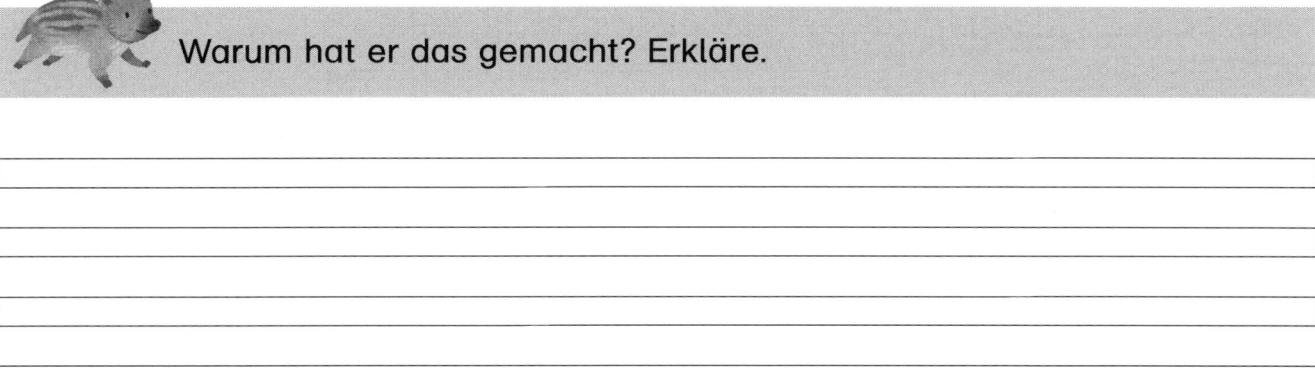

Warum hat er das gemacht? Erkläre.

Wie fühlt Paul sich jetzt? Schreibe aus seiner Perspektive. Nutze auch die Ergebnisse, die du in Aufgabe 1 erarbeitet hast.

Ich

Suche dir ein anderes Kind. Überlegt gemeinsam: Hatte Pauls Verhalten am Ende vielleicht auch etwas Gutes?

Endlich Frieden!

Carla und ihre Eltern, Juri und seine Eltern sowie Bauer Heiner und sein Sohn Paul sitzen im Wohnzimmer des Bauernhauses und sprechen über Carlas und Juris Entdeckung.

Carlas Mutter   Heute sind anscheinend nicht bloß die Wildschweine nachtaktiv. Also noch mal von vorn: Was habt ihr Kinder da draußen gemacht? Mitten in der Nacht?

Carlas Mutter guckt Carla und Juri streng an. Auch Juris Eltern gucken streng.

Carla   Wir wollten herausfinden, wie die Wildschweine aus dem Gehege kommen. Und das haben wir ja auch!

Carla und Juri gucken Paul wütend an. Paul lässt den Kopf hängen. Er sieht unglücklich aus.

Bauer Heiner   *(rauft sich die Haare)* Warum hast du das bloß getan, Paul? Warum hast du die Wildschweine freigelassen?

Paul   *(flüstert)* Ich wollte dir helfen. Du möchtest doch das Grundstück kaufen. Da dachte ich, wenn die Wildschweine unseren Acker verwüsten … dann müssen sie weg … und du kriegst das Grundstück.

Bauer Heiner   *(schüttelt den Kopf)* Aber doch nicht so! Das ist keine Lösung! *(Er wendet sich an Carlas Eltern.)* Tut mir wirklich leid, dass Paul sich so verrannt hat. Es ist auch meine Schuld. Ich hab mich ja selbst verrannt. Und da hat Paul wohl gedacht, er tut mir einen Gefallen. *(Pause)* Das … das ist jetzt vorbei, ein für alle Mal. Ihr sollt euer Grundstück behalten. Ich will es nicht mehr. Und das Wildgehege soll bleiben. Ihr tut etwas Gutes damit. *(Er streckt die Hand aus.)* Wollen wir unseren Streit begraben?

Carlas Eltern   Gern! *(Sie schlagen nacheinander ein.)*

Carla und Juri   Juhu!

Der Frischling Lotte quiekt und alle lachen.

Begrüßung und Abschied

Juris Urlaub ist zu Ende. Carla und Juri müssen sich voneinander verabschieden. Aber vorher erleben die beiden noch die Zusammenführung der Wildschweine.

 **Lies die Szene.**

Juri presst vor Aufregung die Daumen zusammen. Dann auf einmal dreht Emma sich um und läuft zu der aufgewühlten Stelle. Und Toni folgt ihr! Wenig später graben sie nebeneinander mit ihren Rüsseln den Boden um. Berta und Käthe gesellen sich friedlich grunzend dazu. Es ist, als wäre Toni schon immer bei ihnen gewesen.

 **Setze die Satzzeichen der wörtlichen Rede ein.**

> Die Satzzeichen der wörtlichen Rede zeigen an, was eine Person sagt: „ steht am Anfang des Gesagten und " am Ende.

Es hat geklappt! , jubelt Juri.   Sie vertragen sich alle!   Begeistert klatscht er mit Carla ab.

Juri! , hört er da Mama rufen.   Wo bist du? Wir wollen jetzt fahren.
Juri schluckt und sagt: Ich muss los.

Ich schreibe dir , verspricht Carla.   Und ich schicke dir Fotos von Lotte, Toni und den anderen.

Und ich komme wieder. Gleich in den nächsten Ferien!   Das ist für Juri sonnenklar. Denn dieser Urlaub war auf jeden Fall der coolste aller Zeiten.

Der coolste Urlaub aller Zeiten

 Schneide die Textstreifen aus. Bringe sie in die richtige Reihenfolge und klebe sie in dein Heft. Schreibe das Lösungswort darunter.

✂

Am nächsten Morgen buddelt die ganze Rotte auf Bauer Heiners Acker. Der Bauer schreit: „Ich zeig euch an!" (I)

Bald ist Juris Urlaub zu Ende. Er wird viel verpassen. Aber wie Toni aus seinem Extragehege darf, kriegt er noch mit. (E)

Nachts legen sich Juri und Carla auf die Lauer. Sie lassen das Gehege nicht aus den Augen. (D)

Bache Berta wühlt mit der Nase in Bauer Heiners Acker. Der ruft wütend: „Alles zertrampelt! Alles aufgewühlt!" (W)

Da sieht Juri einen Schatten. Zielstrebig bewegt er sich auf das Gehege zu. Irgendwer macht sich am Gatter zu schaffen! (G)

Carla und Juri verabschieden sich. „In den nächsten Ferien komme ich wieder", verspricht Juri. (E)

Die Kinder verfolgen die Gestalt. Carla leuchtet mit der Taschenlampe. Es ist Paul! (E)

Carla ist ratlos. „Vielleicht ist der Zaun wieder kaputt." Die Kinder suchen den gesamten Zaun ab, doch der ist dicht. (L)

Die Eltern stellen ihn zur Rede. Paul lässt den Kopf hängen. Er flüstert seinem Vater zu: „Ich wollte dir helfen." Die Erwachsenen begraben endlich ihren Streit. (H)

Die Wildschweine werden zusammengeführt. Es ist, als wäre Toni schon immer bei ihnen gewesen. „Es hat geklappt!", jubelt Juri. (G)

Meine Buchkritik

 Wie hat dir das Buch gefallen? Schreibe auf.

Besonders gut gefallen hat mir:

| |
| |

Nicht so gut gefallen hat mir:

| |
| |

Das ist mein Verbesserungsvorschlag:

| |
| |

Das ist meine Lieblingsfigur aus dem Buch:

| | , weil | |
| |

Vergib Sterne:

witzig ☆ ☆ ☆ ☆ ☆

spannend ☆ ☆ ☆ ☆ ☆

interessant ☆ ☆ ☆ ☆ ☆

 Male dein eigenes Titelbild für das Buch auf ein Blatt.

Lesespiel

 Spielt das Lesespiel und erzählt so gemeinsam die Geschichte nach.

So geht's:

Jedes Kind bekommt eine Karte. Oben auf der Karte steht, was gerade passiert ist. Auf der unteren Hälfte siehst du, was du daraufhin tun oder *vorlesen* musst.

✂

Du beginnst.	Jemand hat gesagt, dass Juri langweilig ist.	Jemand hat gegähnt.	Jemand hat gesagt, dass wir zu einem Bauernhof fahren.
Sage: *Juri sitzt im Auto. Ihm ist langweilig.*	Gähne laut.	Sage: *Wir fahren zu einem Bauernhof mit vielen Tieren.*	Mache laut: *Muuuh!*
Jemand hat gemuht.	Jemand hat von der Bauerntochter Carla erzählt.	Jemand hat die Zunge herausgestreckt.	Jemand will lieber allein auf dem Hof herumlaufen.
Sage: *Juri lernt Carla kennen. Hat sie ihm die Zunge herausgestreckt?*	Gehe nach vorne und strecke die Zunge heraus.	Sage: *Ich glaube, ich laufe lieber allein auf dem Hof herum.*	Grunze laut wie ein Schwein.
Jemand hat gegrunzt.	Carla will Juri den Überläufer zeigen.	Jemand hat dem Wildschwein einen Apfel gegeben.	Jemand hat geschmatzt.
Sage: *Wenn du willst, zeige ich dir den Überläufer.*	Strecke die offene Hand aus und sage: *Hier, ein Apfel.*	Schmatze laut.	Sage: *In der Nacht kommt ein weiteres Wildschwein an.*

Jemand hat erzählt, dass nachts ein Wildschwein ankommt.	Jemand hat aus der Tür hinausgerufen.	Jemand hat aufgezählt, was der Frischling alles braucht.	Jemand hat gejubelt, weil der Frischling trinkt.
Mache die Tür auf und rufe auf den Flur: *Ein Frischling!*	Zähle auf, was der Frischling braucht: *eine Kiste, Wärme, Ferkelmilch.*	Juble laut: *Er trinkt!*	Frage: *Wie soll der Frischling heißen?*
Jemand hat gefragt, wie der Frischling heißen soll.	Jemand hat LOTTE an die Tafel geschrieben.	Jemand hat erzählt, dass Juri und Carla die Nachtschicht übernehmen.	Jemand hat geschnarcht.
Schreibe an die Tafel: LOTTE.	Sage: *Juri und Carla übernehmen die Nachtschicht, um Lotte zu füttern.*	Lege den Kopf auf den Tisch und schnarche laut.	Sage: *In der Nacht haben die Wildschweine das Feld zertrampelt.*
Jemand hat erzählt, dass das Feld zertrampelt wurde.	Jemand hat sich bei einem anderen Kind entschuldigt.	Jemand hat gefragt, wie die Schweine durch den Zaun kommen.	Jemand hat an die Tafel geschrieben, dass es Paul war.
Gehe zu einem Kind und sage: *Das tut uns furchtbar leid!*	Frage laut: *Wie kommen die Schweine durch den Zaun?*	Schreibe an die Tafel: DAS WAR PAUL.	Frage laut: *Warum hast du das gemacht, Paul?*
Jemand hat gefragt, warum Paul das gemacht hat.	Jemand hat als Paul geflüstert, dass er helfen wollte.	Jemand hat einem Kind die Hand geschüttelt.	Jemand muss Abschied nehmen.
Flüstere: *Ich wollte Papa helfen!*	Gehe zu einem Kind, schüttle ihm die Hand und sage: *Frieden!*	Sage: *Doch jetzt heißt es Abschied nehmen.*	Schreibe an die Tafel: ENDE.

Miniheft Wildschweine

Name: _____

Klasse: _____

Diese Tiere leben in einer Rotte:

Diese Wildschweine sind Einzelgänger:

Das fressen Wildschweine:

So sieht ein Frischling aus:

Wildschweine sind …

☐ Pflanzenfresser.

☐ Fleischfresser.

☐ Allesfresser.

☐ nachtaktiv.

☐ tagaktiv.

So sieht ein ausgewachsenes Wildschwein aus:

Diese Wildschweinarten kenne ich noch: